构建高质量学前教育丛书

U0676033

当童画遇见童"话"

基于幼儿童真表达的"画一话"联结活动探索与实践

金素芬 —— 著

中国中福会出版社·上海

图书在版编目 (CIP) 数据

当童画遇见童"话"：基于幼儿童真表达的"画—话"联结活动探索与实践 / 金素芬著 . -- 上海：中国中福会出版社，2024.7
（构建高质量学前教育丛书）
ISBN 978-7-5072-3721-4

Ⅰ.①当… Ⅱ.①金… Ⅲ.①语言教学—教学研究—学前教育 Ⅳ.① G613.2

中国国家版本馆 CIP 数据核字 (2024) 第 096006 号

当童画遇见童"话"

基于幼儿童真表达的"画—话"联结活动探索与实践
金素芬　著

出 版 人	屈笃仕
策划编辑	凌春蓉
责任编辑	梁　莹
责任校对	倪卓逸
责任印制	钱　欣
装帧设计	钦吟之

出版发行　中国中福会出版社
社　　址　上海市常熟路 157 号
邮政编码　200031
电　　话　021-64373790
传　　真　021-64373790

印　　制　上海昌鑫龙印务有限公司
开　　本　787mm × 1092mm　1/16
印　　张　13.5
字　　数　210 千
版　　次　2024 年 7 月第 1 版
印　　次　2024 年 7 月第 1 次印刷
书　　号　ISBN 978-7-5072-3721-4/G・1349
定　　价　68.00 元

序　一

　　闵行区梅陇镇中心幼儿园是一所在家长群体和社区中享有较高声誉的高质量幼儿园。受本书作者金素芬园长的邀请，我参观了幼儿园。一走进大门，便感到身临儿童世界的愉悦。无论是伫立在门厅中的大大的"三只熊"，还是傍依小溪流畔的"梅花鹿一家"，都融入了孩子的游戏场景。更让我目不暇接的是，幼儿园展现了一幅幅充满稚趣的"童画"。细细看来，每一幅都是"画"里有"话"，我不由得蹲下身来倾听孩子的"讲述"。每一幅画面上，孩子用图式、符号所表征的是他们记录的发生在身边的事情和他们视角中亲历的事件。我享受着孩子传递的"学习快乐"，意犹未尽。金园长一边回应我的感受，一边向我介绍了自 2013 年以来，幼儿园学习领会了《3—6 岁儿童学习与发展指南》，以幼儿学习与发展的价值观为引导，反思了过去幼儿的绘画活动重技能、重模仿而导致幼儿依赖老师，影响幼儿自我表现、想象创造的信心，也偏离尊重幼儿学习与发展规律的实践问题。并以此为起点，立项了上海市级课题"基于幼儿童真表达的'画—话'联结活动开发与实施研究"。由此，多年来金园长和教师们始终走在珍视"童真表达"的实践探索之路上。

　　初读书稿，品味金园长的介绍，我感到一所幼儿园能从本园实际出发，基于幼儿发展，解决实践中的问题，探索适宜幼儿的活动，并开展科学研究的行动十分可贵，其研究具有几点重要价值。

　　第一，从问题引发对实践的深度思辨。本书以"遇见"源起，提出了"画—话"联结的内涵与价值，符合幼儿学习与发展规律，体现学前教育的启蒙价值。闵行区梅陇镇中心幼儿园认真贯彻"关注幼儿学习与发展的整体性"和"各活动领域的有机整合"，对以往偏重绘画模仿训练式的教学和追求"作品美"的倾向性问题进行剖析、反思，形成对活动转型的认识：一是绘画是一种语义符号，是形象语言，是幼儿自我表达的手段，也是幼儿启迪心智和情感，并与他人交流的窗口，更是幼儿一种轻松愉快的游戏形式和自主活动；二是要呵护童真。3—6岁是幼儿最自由的阶段，让幼儿生来具有的涂鸦潜能，成为个性化表现与创造的体验活动，能促进幼儿内在体验与叙说在"画—话"联结过程中整合。

第二，确立了"童真表达"的活动观。以"幼儿发展为本"的学前教育价值观指导幼儿园必须将保教活动的关注点真正放到育人过程上。"童真表达"充分尊重幼儿的主体性，是由主体自己做主，对所见、所思、联想和想象，以及自己的情绪、态度和意愿的自由表达。"童真表达"活动观成为教师站在儿童立场，满足幼儿自主表达活动需要的实践理念。"童真表达"活动观鼓励教师抛开固有观念，能细致入微地倾听幼儿，理解、接纳、欣赏幼儿"画—话"表达的多种方式，使教师和幼儿共同沉浸于生动的活动过程。

第三，"画—话"联结成为整合各领域活动的重要环节。"画—话"联结活动以情感体验的表达为基本特征，是协调活动过程中各领域学习内容的中间环节，将幼儿对所经历的事情、事件的表达与学习融为一体，使之成为幼儿园主题活动的创新样式。书中介绍了童"情"、童"知"、童"想"三类活动，开发了"画—话"联结多种活动组织形态，包括幼儿各种"画"记录，主题活动的"画"计划，"画"给同伴的信，创编故事书的"画作"，幼儿叙说每一种"画"的场景、情境、自我经历以及想法、感受。

生动的实践表明了闵行区梅陇镇中心幼儿园的研究指向了教师"重视幼儿通过绘画、讲述的方式对自己经历过的游戏、观察等活动进行表达表征"的落实，呈现了创新"画—话"联结活动在幼儿园生活、游戏过程中促进幼儿发展的学习整合作用。

虽是初读，但仍愿与读者一起分享先睹为快的喜悦。

首先，本书的主要内容是闵行区梅陇镇中心幼儿园的市级课题的研究成果。作为专著，书的作者对研究成果中的观点作了诠释，并且具体、详细地描述了实践研究的过程和匹配的典型案例分析，使全书各章节观点与实践具有关联性，整体呈现了"是什么—为什么—如何做"的实践研究特点。对于幼儿园开展以解决实践问题为导向的课题研究来说，这种思考逻辑值得借鉴。

其次，全书中的案例真实、鲜活，选用案例凸显的价值在于：一是证实教师长期累月坚持"一对一倾听"真实记录，积累分析幼儿说"画"过程中的稚嫩想法和对情感、认知、想象、体验的具有个性特征的表征；二是以案例支撑研究中归纳的观点，同时也起到了诠释观点的作用；三是案例提供了活动具体操作过程细节的参考样例。案例应用的三类价值使全书更加精彩，增加了可读性和可参照性。

最后，全书呈现了闵行区梅陇镇中心幼儿园全体教师认真而又艰苦的探索与研究经历。从作者金素芬园长著书的介绍中，我联想到当幼儿园发展到一定阶段，会有一定的教育实践的积累，但往往又会陷于认为"做了很多，却难以梳理表达"的一种担忧。而本书值得欣赏的是将教育理性思辨和实践进行了有意义的联结，尽管尚有不完美之处，但仍较合理地完成了有逻辑的梳理和表达。想要梳理、提炼教育经验，想要从事教育写作的教师、园长都可以读一读这本书。

借此，向全体参与研究的教师表达我的敬意！

郭宗莉

2024 年 5 月

郭宗莉，上海市教育功臣，特级园长、特级教师。

序 二

在幼儿的内心深处，隐藏着一个充满想象力、创造力与表达力的世界。当我们探寻幼儿的内心世界时，会不禁为其纯粹、真挚与灵动所震撼，这就是幼儿宝贵的童真。童真，体现了幼儿最本真的天性、个性和特性，是未被世俗影响的纯真心灵，是他们最真实、最自然、最纯粹的样子。这种天性不仅仅是纯真善良，也包括真实、自主、好奇、创造等可贵的品质，对于幼儿的健康成长具有重要意义。

表达是个体与外界沟通的方式，也是他人了解个体内心世界的重要途径。对于教育者来说，关注幼儿的表达、理解其背后的意义、为其提供适当的支持和引导，是重要且必要的。幼儿的表达形式是多样的，但其中最常见的是语言和涂鸦。与语言这种习以为常的表达方式相比，涂鸦是一种更为原始和直观的表达方式，是幼儿表达自我、认知世界的媒介，更是他们与外界沟通的桥梁。幼儿的绘画并不仅仅是画其所见，更是画其所知、画其所感。他们的绘画充满了稚嫩的概括和夸张，却也饱含着真挚的情感和思考。探寻儿童绘画的奥秘，不仅是追寻艺术的踪迹，更是在寻找儿童内心世界的独特语言。回望历史长河，众多学者、艺术家和教育家都对儿童绘画倾注了无尽的心血，力图揭开其神秘的面纱。然而，真正理解儿童绘画，不仅仅需要艺术家的眼光，更需要教育者的敏感和关爱。

闵行区梅陇镇中心幼儿园的探索之旅，正是这样一段对儿童绘画深入理解的旅程。从"画美"的追求到"创作"的觉醒，再到"联结"的突破，教师们不断问自己：儿童绘画究竟是什么？如何更好地支持儿童进行艺术启蒙？在这个过程中，他们不仅重新认识了儿童绘画的价值，更重新定义了自己在儿童成长过程中的角色。经过长达十年的科学研究与探索，他们发现，儿童的绘画与言语是相辅相成的，两者都是儿童认知发展的重要符号。在绘画的过程中，儿童要么伴随着自言自语，要么能自发用语言描述自己的绘画作品，这种"画—话"联结是儿童天性的表达，也是他们完整自我认知的体现。可以肯定地说，梅陇镇中心幼儿园的十年探索之旅，正是对儿童内心世界的深度挖掘与尊重——通过致力于让儿童的绘画与言语得以联结，来释放儿童的内心，绽放儿童的创造力。

当然，这一探索并非一帆风顺。在早期的教学实践中，他们也曾陷入艺术写实主义的误区，追求"画得美""画得好""画得像"。然而，随着"儿童发展为本"理念的落地与实践，他们意识到这并非儿童的真正需求。于是转变思路，致力于让儿童在绘画过程中能够自由表达、自主创造。正是这种转变，引领着闵行区梅陇镇中心幼儿园走向了新的探索之路——以市级课题为引领，对"幼儿童真表达"进行了深入研究，发现了儿童在绘画中的表达实际上隐含着他们的发现与创造，是他们用稚嫩的手法探索和感知世界的重要方式。

为了更好地支持儿童的创造性表达，十年间，幼儿园的老师们不断尝试、不断突破——深入学习儿童的心理发展特点、神经系统发展规律、儿童绘画—语言发展和全语言教育相关理论，基于儿童童真表达发展水平现状，探索如何将绘画与言语进行联结，从而更有效地促进儿童的创造力发展，在山重水复中拥抱一个个柳暗花明。这种"千磨万击还坚劲"的科学研究精神值得我们点赞和学习。

十年磨一剑，闵行区梅陇镇中心幼儿园的探索取得了丰硕的成果。他们的实践让我们看到更具个性的儿童，让我们意识到儿童童真表达的重要意义，也让我们了解作为教育者如何更好地支持儿童的创造力发展。未来的教育趋势是个性化的教育，需要创造新的路径来支持儿童的童真表达。我们相信，梅陇镇中心幼儿园的研究成果不仅能为读者带来启示和思考，也将为更多的学前教育工作者所借鉴和应用，从而为儿童的健康成长贡献力量，为幼儿园教育实践注入新的活力。

左志宏

2024 年 1 月

左志宏，华东师范大学学前教育学系主任。

目　　录

前　言

　　绘画创作，是儿童天然的表达方式，是儿童表达自己的一种"语言"。幼儿的绘画是：画所知而非画所见；幼稚的概括和夸张，满足于表达的过程。[1]绘画与语言，都与儿童的认知发展相关。[2]多年以来，众多儿童教育家、心理学家、艺术家等都提出了绘画和儿童发展有诸多联系，并提出了自己的发现和思考——儿童的绘画和言语一样都是儿童自我表达的工具。

　　翻看幼儿的一幅幅画作，我们发现，绘画和儿童的"口头语言"一样，都承载着他们的情感、认知和想象。绘画与语言一起存在于儿童的生活、游戏和学习中，是他们对真、善、美的世界的洞察和表达。所以，我们经常会看到幼儿在作画时伴随着自言自语的陈述，自然而然就进入了表达状态。"画—话"联结是儿童表达的天性，他们从来不是孤立地运用自己所擅长的语言在表达。

　　课题组在上海市教育科学研究项目"基于幼儿童真表达的'画—话'联结活动开发与实施研究（C19033）"的探索实践中，通过大量的文献分析和两"展"两"变"（即在本研究中，教师对幼儿的观察从单一的美术活动拓展到一日生活，从结果观察拓展到过程观察，从"画""话"独立观察转变为联系观察，从表达的能力转变为表达的个性倾向）的观察研究实践，发现了童真表达"所趋""所历""所需"的三类属性，对幼儿童真表达的特点和价值意义有了全新的理解和认识，并提

[1] 华爱华. 上海市学前教育课程指南解读[M]. 上海:上海教育出版社, 2005.

[2] 王大根. 儿童绘画—语言发展相关论[J]. 上海教育科研, 1996(4):5.

出了 "画—话" 联结的实践构想。那么如何开发和实施 "画—话" 联结活动,从而更好地支持幼儿的童真表达呢?基于幼儿童真表达的内涵、发展规律和以幼儿发展为本的课程设置理念,课题组确立了不同年龄段幼儿 "画—话" 联结活动的目标和内容框架,开发出了童 "情"、童 "知"、童 "想" 三大系列活动,并提炼出了 "画—话" 联结的活动模式。

每个孩子都是独一无二的。随着 "画—话" 联结活动的实践探索不断深入,从儿童、活动、环境、教师、互动等多个要素的不同点切入,我们都能看到童真表达的不同样子。因此,课题组整理出了各类 "画—话" 联结活动在环境创设和操作实施上的要点,同时针对 "画—话" 联结活动中幼儿出现的行为现象梳理出了 "激" "补" "优" 三大教师支持策略和九类运用时机,以期让每个幼儿都能在 "画—话" 联结活动的体验中,有机会表达自己的情感、认知和想象,乐于并善于表达。

三年多的实践探索,课题组一次次地突破前行。在开发和实施 "画—话" 联结活动的过程中,领略幼儿的童真世界,看见了一个个生动的儿童。与此同时,课题实践的亲历者们也在悄然发生着各种转变。我们越来越坚定相信儿童的信念,理解儿童,欣赏儿童;和儿童共情共鸣,和儿童同理同行。在此过程中,幼儿的童真表达不断被教师滋养呵护。同时,当教师 "变成儿童",童真世界里的真、善、美也滋养着教师的职业归属感和幸福感。"画—话" 联结,不仅仅是孩子绘画和言语这两个表达方式的联结,更是个体内在世界和外界社会的联结;"画—话" 联结活动,不仅仅是学科领域间的跨越融合,更是回归完整儿童立场的初心。

三年的研究实践,从课题开题、案例整理,到结构梳理、修改成书,凝结了闵行区梅陇镇中心幼儿园每一个课题组成员共同的努力,其间也得到了许多专家的智慧点拨、同行的出谋划策,以及家长们的支持关注,在此一并感谢。课题的研究虽已结题,但对于 "画—话" 联结活动的实践探索和对幼儿童真表达的追随却一直在路上,未完待续!

第一章

联结源起：

对童真表达的探寻与再思

第一节 "遇见"童真表达

一、什么是童真

童真是一个常用的名词，意思是"儿童的天真稚气"。

人们经常会把童真和童心、童趣放在一起，形容儿童天真无邪、无忧无虑、对世界充满好奇、对生活充满兴趣。这三个词有意义相近、内容重叠的部分，也有区别。童心可以指儿童天真淳朴的心，也可以形容成人有儿童那样天真淳朴的心；童趣指儿童的情趣，多用来形容事物"充满童趣"。

从字面意思和词语使用的场景来说，童真更侧重"真"，描述的是儿童的天真、纯真、率真，是儿童不加修饰、掩饰地将自己表现出来，将自己的所思所想表达出来的状态。

在已有的研究中，童真受到了哲学、文学、教育、艺术等各领域的广泛关注，部分研究以童心为切入点，但其中不乏对童真的探讨。在已有研究的基础上，本研究认为童真具有三大特点。

（一）童真体现了幼儿的天性

我国对"童心"研究最著名的是明代思想家、文学家李贽，他在《童心说》中第一次提出了"童心"这个概念，他将"童心"解释为"真心"，即本然之心。这与后来丰子恺的"童心说"中"遵循幼儿自然本性的'同情'观"不谋而合，也强调童真是人的本性。[1] 现代研究者也在其文章中提到了童真即幼儿天性的含义，比

---

[1] 赵迁. 丰子恺"童心说"教育思想对当下我国儿童美术教育的启示研究[D]. 河南师范大学, 2018.

如：葛素儿提出，"童真"即纯真善良，是符合幼儿天性的亲社会态度倾向。[1] 王玥则指出，"童心"即"孩童般纯真之心"，并可引申为幼儿的本性。[2] 郭雯在其文中提出，童心是人出生时的自然本性和天赋资源的总和，它是自然之心，是未被异化之心，是人最为宝贵的属性。童心既是幼儿之心，也是人最初的自然本真状态，它包含人的真实、自主、创造等品质。[3]

（二）童真体现了幼儿的个性

童言无忌即不被世俗束缚，敢于表达自我，说真话、吐真情，无意矫饰，不擅刻意，不会圆滑，不事迎合，没有虚假，这就是童真。席敏在其文中提到"本真绘画"的教学策略，即以幼儿为主体，注重幼儿的体验；以环境为支持，注重幼儿的参与；以创意为导向，注重幼儿个性发展；以"延伸"作依托，注重幼儿协调发展。[4] 与之相类似的还有祁玲燕指出，每个幼儿都是独特的，幼儿的童真需要我们珍视童心，张扬个性，尊重生命的自然状态，尊重幼儿生命的自主、自由和独特，并用我们的赤诚和勤勉浇灌每一朵娇嫩的生命之花。[5]

（三）童真体现了幼儿的特性

正如郭雯所说，幼儿总是从内心自然而然地出发去追寻真、善、美。

"向真性"即幼儿天生具有的、无意识地对外界本真探究的天性，也指幼儿天生所具有的真诚的性格。如在著名的文学作品《小王子》中，我们可以看到小王子与生俱来的童真，他在外人面前毫不掩饰自己的情感，说出事物的真相。

"向善性"指幼儿具有善良的、富有爱心的天性。所谓"人之初，性本善"，

[1] 葛素儿. 扬童心 葆童真 激童趣——构建适合儿童天性的小学教育[J]. 上海教育科研, 2005(6):79-80.

[2] 王玥. 立足儿童本位, 涵育童心素养——《在游戏中培养幼儿"童心素养"的案例研究》课题汇报[J]. 华夏教师, 2018(7):81-82.

[3] 郭雯. 回归童心的儿童美术教育研究[D]. 河南大学, 2011.

[4] 席敏. 失真与归真:幼儿"本真绘画"的内涵与教学策略[J]. 江苏幼儿教育, 2014(1):81-85.

[5] 祁玲燕. 融入童心, 让孩子多元阅读[J]. 求知导刊, 2015(6):136.

幼儿是最富同情心的。丰子恺在"童心说"中还说过，他们的同情心不只限于人类，他们爱花草、猫犬，甚至还会跟玩具说话、玩耍。

"向美性"是指幼儿天生就有对美的感受、追求和创造的潜能。很多在成人看来习以为常的事物，在幼儿看来就是美的事物。因为幼儿对外界的陌生事物充满好奇，所以在他们的眼中，周围的世界是灿烂的、有趣的、充满生气而又美好的。[1]

二、走进儿童表达世界

联合国《儿童权利公约》第十二、十三条明确提出"把儿童看作具有自由思想和自由选择权利的人"，并对儿童自由表达的方式、内容作出明确的规定。[2]《中国儿童发展纲要（2021—2030 年）》在"儿童表达权利"方面范围逐渐增大、深度也有所加深。儿童表达满足了儿童天性的需要；儿童表达体现了其主体地位；表达是儿童成长中一种重要能力。作为每天与幼儿朝夕相处的教师，我们更应在保障幼儿自由表达权利的同时了解幼儿表达的内涵和特点，从而实现儿童表达与发展的共进。

（一）每个儿童都是独特的表达者

儿童具有自我发展的倾向，在幼儿园，儿童多数时间都在游戏和生活中与周围的环境、人互动，通过实际操作和亲身体验，去感受和探索世界。不同的生活、游戏、学习经历让儿童形成了自己的发展速度和发展倾向，以及自己对世界独特的认知和思考。

儿童的表达既体现了他们的个性特质，也反映了他们的心理和认知。根据皮亚杰的认知理论，学前阶段儿童的认知慢慢开始"去中心化"，处在同化或顺应的自主建构过程中，所以他们的表达并不一定符合成人世界里约定俗成的认识或意义。同时，每个孩子都有自己独特的表达方式和途径，同样的符号或语词在不同孩子心

---

[1] 宋婷. 回归童心的幼儿美术作品评价研究[D]. 山东师范大学, 2014.

[2] 联合国. 儿童权利公约[EB/OL]. https://Unicef.org/zh/儿童权利公约/儿童权利公约文本, 2023.

中，其意义是不同的。我园在《幼儿园教育指导纲要（试行）》（以下简称《纲要》）要求"遵循幼儿身心发展规律，符合幼儿年龄特点，注重个体差异，因人施教"的基础上，长期坚持聆听幼儿的表达，发现幼儿的表达具有向真、向善、向美的独特性质以及鲜明的个性特质。

大鲸鱼搁浅了怎么办？（小班）

要往它身上泼水，不然它会晒死的！

可以给它撑一把阳伞，给它挡太阳。

把水倒在它的嘴巴里给它喝。

还要给大鲸鱼涂防晒霜！妈妈说涂了防晒霜就不会被晒伤了！

大鲸鱼搁浅在岸边快不行了，你们有什么办法吗？

大鲸鱼搁浅了怎么办？（中班）

可以找小魔仙来帮忙，用魔法就可以帮助大鲸鱼了。

找小朋友来帮忙，我们班的小朋友一起去就可以了。

（二）儿童的表达形式是多样的

过去我们认为，因为儿童表达能力有限，所以需要通过更加多元的方式表达自己。但随着对儿童的伴随观察和跟踪解析，我们发现儿童具有表达的内在生命力：儿童在自由表达时是积极的、活跃的、自我发展着的，仿佛具有无穷无尽的力量，他们在各种表达方式中依照自己内心的情感或需要的冲动自由切换。正如马拉古兹在《儿童的一百种语言》这首诗中写的那样，孩子有一百种语言，一百个想法，一百种思考、游戏、说话的方式。

教育部颁布的《幼儿园保育教育质量评估指南》明确指出，"重视幼儿通过绘画、讲述等方式对自己经历过的游戏、阅读图画书、观察等活动进行表达表征，教师能一对一倾听并真实记录幼儿的想法和体验"。在这样的背景下，在幼儿园一日活动中支持儿童多样表达的机会越来越多，尤其是以口头语言与绘画或符号表达相结合的形式。幼儿通过这种方式表达自己在园的生活学习经历，也在此过程中体验着表达带来的效能感，这样结合式的表达正日渐成为一种表达习惯。

（三）表达对儿童具有重要价值

儿童表达的权利之所以得到了全世界范围内所有教育工作者的关注，是因为他们从实际经验出发，明确儿童可以通过各种方式表达自己的感受和想法，这既是儿童的天性，体现了儿童的主体地位，又对儿童语言的发展、经验的重组乃至健康人格的形成具有重要意义。

我们从语言与美术这两种表达方式对幼儿的发展价值进行分析：语言是交流和思维的工具，语言的发展贯穿各个领域，也对其他领域的学习与发展有着重要的影响——幼儿需要运用语言交流实现人际交往和建立自信自尊的目的，在语言表达过程中幼儿也在组织着自己的思维逻辑。而绘画作为表达形式之一，是幼儿表达对世界认识的另一种"语言"。绘画表达具有感性的特质，幼儿用绘画表达自己与周围的自然、生活、艺术、世界对话交流的结果。绘画表达也会促发幼儿更敏锐、更细致地观察与体验。

第二节　尊重表达的童真特点

一、珍视童真表达的个性化

童真表达，顾名思义，就是儿童天真稚气地表达，心里怎么想、有什么感受，就怎么说、怎么做。综合以往文献对"童真表达"相关内涵的界定，本课题将童真表达定义为：幼儿把内心最自然本真的感知、理解、想象等思维成果，通过语言、绘画等各种方式自由、自主地反映出来的一种行为。

随着我国学前教育课程改革的持续推进，学前阶段的多个纲领性文件都将"尊重幼儿发展的个体差异"作为实施幼儿园教育的基本原则，如："遵循幼儿身心发展规律，符合幼儿年龄特点，注重个体差异，因人施教，引导幼儿个性健康发展"（《幼儿园工作规程》）；"幼儿园教育应充分照顾幼儿的个体差异，为每一个幼儿提供发挥潜能的机会，促使他们在已有水平上得到应有的发展"（《纲要》）；"课程应尊重幼儿学习与发展的个体差异"（《上海市学前教育课程指南》）。因此，促进幼儿个性化发展的理念逐渐深入人心。

儿童的表达之所以珍贵，是因为：第一，每一个儿童的表达都是独一无二的，关于此概念在"每个儿童都是独特的表达者"中已经有所阐述；第二，儿童的每一次表达都是独一无二的，很多教师都会有这样的经历，即使描述自己的同一幅画作，幼儿前后两次的表达内容也不尽相同；第三，儿童的每个表达发展阶段都有其独特的韵味。

比如小班阶段的孩子会用色彩来表达自己的直观感受——有一次，卿卿用黑色的笔在白纸上画了很多大大的重叠在一起的封闭圆圈，他说"这是太阳"。老师问："为什么是黑色的呢？"他回答说："因为太阳太热了，要把我烤焦了。"

而当大班孩子描绘炎热的夏天时，他们会用这样表达——博洋在纸上用黄色打了底，然后画了很多云，他说："夏天有时虽然看不到火辣辣的太阳，但是很闷热的。"瑶瑶用红色画了个圆，然后用橙色、黄色画了很多长长线条，她说："夏天的太阳会让我睁不开眼睛，因为光线太强了，所以我们要戴帽子、戴眼镜。"

作为幼儿教育实践者，在一日生活中和天真可爱的儿童相处、对话，使我们深感职业的幸福来自童真。儿童的生命本质中蕴含着丰富的发展潜能与想象创造的能力，他们喜欢亲近身边的人、事、物并喜欢发问，喜欢美好的事物，他们的向真、向善、向美的特征，滋养着成人和世界。

二、接纳童真表达的行为特点

幼儿园的教育场景，有着儿童专属的环境氛围、和同龄人的互动交流，孩子的童真童趣自然流露，童真表达因此得到了共鸣，显得格外丰富，也让成人看到了童真表达独特的样子。

给园长妈妈的一封信（大班）

大班孩子马上就要毕业了，孩子们纷纷给幼儿园的老师、阿姨写信。

有一个孩子给园长妈妈写了一封信，信是这样的：

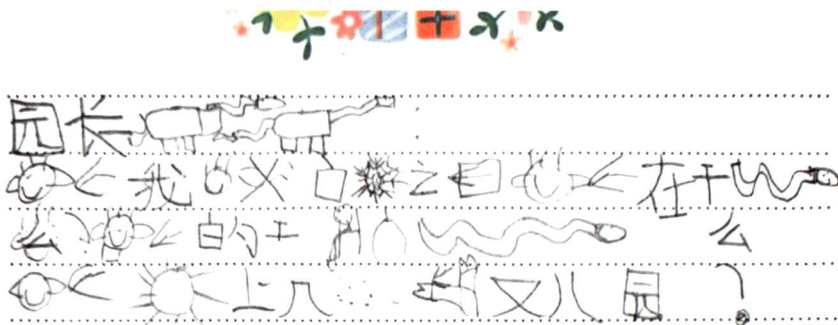

园长妈妈：

你在我们不放学之前你在干什么？

你的工作是什么？

你早上几点离开幼儿园？

老师问写信的孩子："为什么你想知道园长妈妈早上几点离开幼儿园呀？"

孩子回答道："因为我每天早上来幼儿园的时候园长妈妈就在幼儿园，我猜她一定是晚上住在幼儿园，早上回家，然后再来幼儿园的。"

受伤的小鸟（中班）

户外游戏时，孩子们在草丛里发现了一只受伤的小鸟，引发了一群孩子的围观和讨论。笑笑说："它受伤了，好可怜啊，是不是找不到家了呢？"佳佳说："我好想把它带回教室里照顾它呀！"铭铭说："好啊，我们把它养得大大的，以后就可以骑着它到天上去！"浩浩说："小鸟大概还没有学会飞吧！你看它这么小，羽毛这么短，等长大了它就会飞啦……"

快乐涂鸦（小班）

　　教室里在进行自由活动，背景音乐播放着孩子们喜爱的歌曲"爱我你就抱抱我，爱我你就亲亲我，爱我你就夸夸我……"佳佳跟着音乐边哼唱边在教室中蹦跳，在涂鸦墙看到全家福照片，便随手拿起画笔在自己的全家福照片处画起了圈圈，唱一句画一圈，最后拿下照片对着爸爸妈妈各亲了一下。

　　第二首音乐播放"小雨滴，小雨滴，滴滴答，滴滴答……"佳佳拿着画笔在涂鸦墙的另一处画起了小点点，边唱边画……

以上实例是教师对幼儿在园时自发活动的观察，在这些活动中可以看到幼儿的童真表达所具有的独特属性。

（一）表达内容真实自然

1. 内心情绪情感的表达

"它受伤了，好可怜啊，是不是找不到家了呢？""我好想把它带回教室里照顾它呀！"中班实例中的幼儿对小鸟受伤表现出了同情和关爱；"爱我你就抱抱我，爱我你就亲亲我……"小班孩子在歌曲的哼唱下，用画笔、用行动表达着对家人的爱；大班幼儿觉得"我每天早上来幼儿园的时候园长妈妈就在幼儿园"，从而猜想她晚上住在幼儿园。这些童真的表达无一不是真情的流露和对身边人、事、物的关心，也折射出了人性最初向真、向善的美好。

2. 对周围世界认知理解的表达

"小鸟大概还没有学会飞吧！你看它这么小，羽毛这么短，等长大了它就会飞啦……"幼儿表达的内容能折射出他们已有的认知经验；又如在给园长妈妈的一封信中，幼儿不会写"妈妈"就画了两匹马，整封信中有多处用图符代替汉字的情况，说明在特定的场景下，幼儿喜欢运用自己习得的认知经验来表达并尝试解决问题。

3. 想象创造的表达

"我们把它养得大大的，以后就可以骑着它到天上去！"幼儿喜欢各种奇思妙想，想象的翅膀和创意的表达总能让童年充满生机而又美好。

（二）表达状态自由自主

在各种儿童的生活片段中，我们看到了儿童不加修饰、掩饰地将自己的所思所想表达出来，表达的状态、过程和方式是自主、自发、自由的。

1. 儿童的表达真实随心

在中班实例中，幼儿看到受伤的小鸟立刻表达出了对它的关爱："它受伤了，好可怜啊，是不是找不到家了呢？""我好想把它带回教室里照顾它呀！""好啊，我们把它养得大大的，以后就可以骑着它到天上去！"就这样简单随心地决定了，没有成人的瞻前顾后，没有对实际问题的考量，就展开了对受伤小鸟康复后的奇妙想象。又如在大班实例中，孩子问园长妈妈，"在我们不放学之前你在干什么？""你的工作是什么？"这样的问题也许只会在幼儿的对话中出现，体现了幼儿对周围人群工作的好奇，也许在成人的世界中，这样的问题就耐人寻味了。

2. 儿童的表达自主自发

小班实例中的佳佳，跟着音乐边哼唱边在教室中蹦跳，在涂鸦墙看到全家福照片，便随手拿起画笔在自己的全家福照片处画起了圈圈，唱一句画一圈，最后拿下照片对着爸爸妈妈各亲了一下。或许也只有在儿童的身上可以看到这样随时随地自发产生的率性真切的情感表达。

（三）表达能力略显不足

1. 需要在成人的帮助下充分完整表达

由于受经验和能力所限，幼儿表达的信息比起内心世界的丰富略显稚嫩和匮乏，需要在成人"是什么""为什么"的追问下不断丰富和补充才能将内在的思维成果完整地呈现出来。

在大班的实例中，幼儿需要通过教师的提问，表达自己到底想要知道哪些信息，为什么会对这些信息感兴趣，幼儿需要通过问题图文表征和语言补充描述相结合才能把整个内在思考过程呈现出来。

2.需要在环境的支持下发生表达

同时，我们也发现幼儿年龄越小表达越稚嫩，他们的表达更需要一个自主的、丰富的空间环境来支持。如在小班实例中，幼儿的情感得到激发需要进行表达时，教室中随处可画的涂鸦墙、随处可见的照片、随手可拿的画笔都充分满足并支持了幼儿的绘画表达。因此，幼儿的表达对成人的关注和支持有较大的依赖。

（四）表达方式多样多元

1.多样表征形式灵活运用

幼儿喜欢绘画表达，当一种方式无法充分表达自己的语言时，他们会通过符号、语言补充和习得的文字等各种表征形式表达自我，如在大班实例中，抽出其中一句话进行表征形式分析，是这样的：

你	早	上 几 点	离开	幼 儿 园 ？
图画与方位符号表征第二人称	表形图画表征	表形图画表征	图画及动态符号表征	表音字符表征

不难看出，幼儿在短短的一句话中运用了文字、符号、图画与符号结合、表形图画、表音字符等方式的组合呈现，来"描绘"自己心中的问题与好奇，方式多元而多样，妙趣横生，令人读后不得不感叹幼儿的自我表达可以如此丰富有趣。

2. 多元表达方式切换自如

在儿童的行为观察中，我们经常会感慨幼儿的表达方式可以做到无缝衔接、切换自如。画妈妈，画着画着就哼起小曲，情到深处就对着画纸亲上去；和好朋友聊天，说着说着就起身用动作比画起来，朋友不明白时，干脆又说又画……幼儿的表达在受到能力不足限制的同时，也触发了他们表达方式的多元。

因此，本研究设想让"画"与"话"产生联结，可以让两种能力的发展互相促进，并共同为当下的幼儿创造一条新的童真表达的路径。

第二章

联结触发：

画、话协同的表达

第一节 新思路：重新认识画与话

一、理论基础

（一）基于神经系统发展规律

幼儿的生长发育是有规律的，无论是生理上还是心理上，都遵循着一定的发展原则。大量相关研究表明，儿童大脑各区的成熟程序是由后往前分别进行的，其程序是颞叶—顶叶—额叶，这一路线是正常儿童大脑发育的规律。近期脑科学研究领域的"大脑神经突触生长呈倒 U 状模型"的假说也从另一角度说明大脑的发育具有一定的规律，并存在关键期。该假说认为早期大脑神经突触形成最为迅速，人在出生后头 20 年里神经突触密度呈倒 U 状，即刚出生时低，童年期达到高峰，成年后又降低下来。[1] 同时，美国心理生物学家斯佩里在 20 世纪 60 年代通过著名的裂脑人实验证实了大脑的不对称性，并以此为基础提出"左右脑分工理论"。[2] 该理论认为左右脑不仅在结构上有差异，而且在高级心理机能上有不同分工。左脑是理性脑，主要负责语言、记忆、逻辑、推理等抽象思维活动；右脑是感性脑，主要负责图画、音乐、想象、创意等形象思维活动。因此，在儿童 3—6 岁大脑发展关键期，发展他们的语言和绘画能力是很有必要的，能有效促进其大脑两半球的均衡发育，促进神经元之间联系的增强。

---

[1] 张悦. 脑科学对幼儿教育的启示[J]. 山东教育(幼教版), 2000(Z5):23-25.

[2] 沈德立. 脑功能开发的理论与实践[M]. 北京:教育科学出版社, 2001.

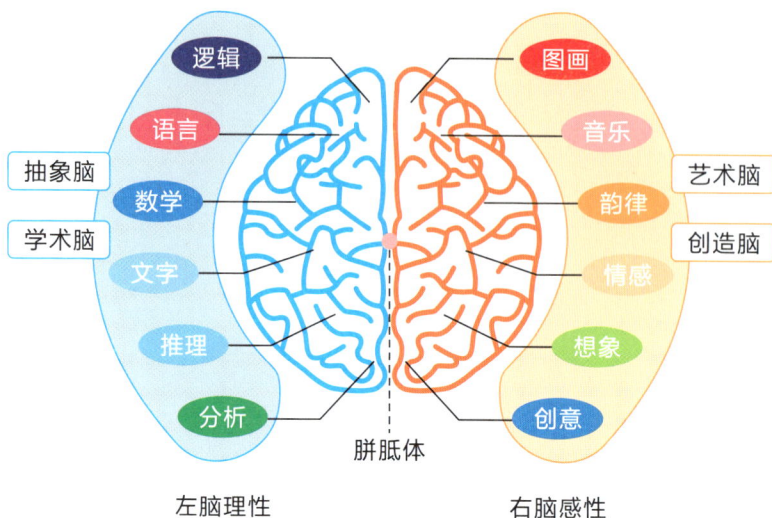

图 1　左右脑分工理论

（二）基于幼儿绘画—语言发展相关论

1. 幼儿在绘画创作过程中存在语言表达

皮亚杰在其所著的《儿童的语言和思维》一书中系统地解释了儿童的自语现象。在绘画活动当中，幼儿不仅会通过手中的画笔进行艺术表达，他们还会运用自语的形式进行表达。他们会对自己，对感兴趣的看护者和朋友，甚至对假想的听众"说画"。马图加在研究中就论述了绘画与自语的密切关系，他通过实证研究收集到大量幼儿在绘画活动中的自语，证实了幼儿的自语有利于他们在绘画活动中的创作与想象。[1] 林琳、朱家雄提出，幼儿绘画创作过程是艺术表现，从构思的产生到完成作品的过程，会有内部的心理活动，也有外部的行为表现，语言总会伴随在其中。[2] 覃小丹为了了解大班幼儿自主绘画具体的行为表现特点，以大班 34 名幼儿作为研究对象，采用观察法、访谈法与案例分析法开展调查研究，结果发现：自主绘画过程中幼儿有语言表达行为，多以独白式与对话式两种方式并存，语言表达多是激发

[1] Matuga J M. *Situated Creative Activity: The Drawings and Private Speech of Young Children* [J]. *Creativity Research Journal*, 2004, 16(2):267-281.

[2] 林琳, 朱家雄. 学前儿童美术教育与活动指导[M]. 上海:华东师范大学出版社, 2022.

幼儿的绘画探讨、根据绘画内容进行谈论。[1]

2.幼儿的语言描述与绘画内容具有相关性

国外的伊丽莎白和基思通过一项干预研究揭示了绘画与语言在发展过程中有一些重要特征是相通的，他们的研究结果证实了外部的图形刺激可使幼儿改变画面形象的大小，增加细节，表现出空间关系。[2] 奥布科娃和鲍里索娃采用观察法，记录幼儿在绘画前、绘画中和绘画后的语言，将绘画的发展阶段与每一阶段产生的语言类型进行了比较，指出了绘画和语言在功能上的相似性。[3] 施东升认为，幼儿时期的语言表达需要与视觉紧密结合训练。"画—话"是幼儿的语言发展和绘画活动紧密相连的产物。在绘画与语言的合力作用下，最终能让幼儿展开无拘无束的想象，进而促进幼儿全面发展。[4] 李力加认为，幼儿的绘画作品，实质上用解释学方法的介入才能使观者明白看似简约的画面符号的内容。而这又与现代艺术作品的基本特征非常相似，画面需要借助语言描述来达到与观者心灵的沟通。[5] 张念芸认为，幼儿的绘画作品充满了故事，当幼儿囿于技能的限制画不出清晰可辨的形象时，幼儿会以语言补充，完成对形象和事件的创作。[6]《幼儿园语言教育》中关于学前儿童语言教育的内容按照活动类型分类，讲述活动有利于儿童获得独立构思和完整连贯表述的语言经验。根据讲述活动凭借物的特点来分类，有一种是绘图讲述，要求儿童根据自己的生活经验，结合自己掌握的有关知识，独立构思，进行美术创作，并讲述出来。[7]

[1] 覃小丹. 大班幼儿自主绘画的行为表现研究[D]. 广西师范大学, 2019.

[2] Elizabeth P F, Keith E N. *Using Interactive Graphic Challenges to Foster Young Children's Drawing Ability. Visual Arts Research* [J]. 1987, 13(2):29-41.

[3] Stetsenko, A. *The Psychological Function of Children's Drawing: A Vygotskian Perspective.* In: Lange-Kuettner C, Thomas G V. *Drawing and Looking: Theoretical Approaches to Pictorial Representation in Children*[M]. England: Harvester Wheatsheaf, 1995.

[4] 施东升. 学前教育组织"说画"课程的有效方法[J]. 家长, 2020(33):73+75.

[5] 李力加. 萌动与发展:儿童美术教育学研究[M]. 济南:山东美术出版社, 2001.

[6] 张念芸. 读画[J]. 幼儿教育, 2002(05):18-19.

[7] 纪艳红, 刘超等. 幼儿园语言教育[M]. 北京:清华大学出版社, 2022.

3. 儿童绘画—语言发展相关论

国内学者王大根提出幼儿绘画—语言发展相关论，他认为绘画与语言，两者都是符号，是绘画心理与符号的认知发展。而绘画与语言两者的发生与发展都具有相似性，而且相互作用，两者的心理发展阶段具有一致性。王大根依据儿童绘画发展的一般特点，结合儿童心理发展过程中某些影响较大的因素，阐述了儿童绘画—语言发展相关论，指出幼儿真正意义的书面语言就是他们的绘画，儿童不同绘画发展阶段表现出的特点与儿童语言发展水平直接相关。绘画与语言都是符号，二者的发展有一定的同步性，也具有互动性。[1]

这是将绘画与言语相结合的语言活动，站在本研究的角度看就是"画—话"联结。那如何在儿童绘画过程中关注更多儿童内心真实的言语？如何让儿童绘画与言语相互结合？如何让儿童绘画与言语相辅相成地发展？这些问题值得我们深思。总结以上国内外各学者对语言与绘画相关性的叙述，对本研究的启示：

（1）在儿童绘画—语言发展相关论的论证中知悉了语言与绘画的相关性。

（2）在语言与绘画这两种表达模式合力下，容易给幼儿建立一个想象的世界，必须有儿童的经验作为支撑。

（3）语言是绘画的导向，是幼儿与自己的沟通，指导其下一步行动。画面也需要借助语言描述来达到与观者心灵的沟通。

（4）通过语言表达幼儿心智的活动，反映出幼儿在绘画中的思考。

（5）语言是对绘画的补充。

（三）基于全语言教育

美国著名的语言教育家肯·古德曼作为"全语言之父"，最早给全语言教育下的定义是："全语言教育是一种视儿童语言发展和语言学习为整体的思维方式。"该理论强调语言学习要有整体性、社会性、民主性和交融性，要为儿童创造宽松、和谐的语言环境，并采取多种形式、在各种情景中促进幼儿的语言发展，将语言教

---

[1] 王大根. 儿童绘画—语言发展相关论[J]. 上海教育科研, 1996.

育渗透在其他领域的活动中。因此，教师应该创设宽松、和谐和整合性的环境，让幼儿在这样的情景中能积极主动发展自己的语言，成为语言建构者。如可以将语言活动渗透于幼儿园一日生活中，让幼儿在学习、生活、运动和游戏中都能有语言的习得和发展；还可以采用家园配合的方式开展一些专题活动，在幼儿园和家庭的交融性环境中引发幼儿更多的语言习得。

二、实践构想

基于以上的理论基础，研究者提出"画—话"联结这个概念。"联结"的字面意思是结合（在一起）。心理学联结主义的建立者和教育心理学体系的创始人桑代克在他的学习联结说中指出，学习的实质在于形成情境与反应之间的联结。而"画—话"联结，可以理解为将绘画或者更为广泛的美术领域的内容与和语言领域的相关内容结合在一起。下面将从"画—话"联结的属性、功能来说明其定位。

（一）"画—话"联结的属性

"跨学科"学习被称为新一轮课程改革的三个主要特征之一，它旨在让幼儿通过自主探究、亲身实践综合地运用已有知识和经验解决问题，学会学习。对于幼儿园来说，"画—话"联结是一种跨领域的学习形式。幼儿在全语言的教育环境下成为自己语言的建构者，在多个学科的融合下学会综合运用已有经验去解决问题。教师可以将"画—话"联结这种形式用于科学类活动、语言类活动或者美术类活动，也可以在一日生活中展开。在实际的活动中，教师创设有效环境、运用多种策略，通过各种途径促进幼儿将绘画和言语有效结合，并在绘画与言语相互促进、相互联系的过程中丰富幼儿的童真表达。

（二）"画—话"联结的功能

在《3—6岁儿童学习与发展指南》（以下简称《指南》）中，艺术领域的目标清楚地指向两个重要方面：一是感受与欣赏，二是表达与创造，并将大胆地自我表达与创造作为核心内涵。因此，鼓励儿童表达自己的情感和意见将成为幼儿教育的主流思想。在长期的绘画教学实践中，幼儿美术教育存在着注重美术的物理形象而忽视其语义功能的现象。"画—话"联结正是想打破界限，让不同领域的内容通过联结产生"1+1>2"的效果。教师可以利用易于为幼儿所接受的"画—话"联结活动，在绘画和口语之间联结互动，让幼儿勇于表达、乐于表达、善于表达，实现真正意义的童真表达。以下是基于以往文献总结梳理出的"画—话"联结的功能。

1. 提高了幼儿的语言表达能力

王静花通过"画前说、画中说、画后说"的形式让幼儿在绘画过程中体验说话带来的乐趣，从而发展他们的语言表达能力。[1]龚书静和韦耀阳等人认为，在语言与绘画相结合的过程中，由于幼儿画的是自己内心的感受，就会有话可说，幼儿的语言表达也就生动有趣。在这一过程中，幼儿既享受了表现自我的乐趣，也发展了自己的语言，不失为语言学习的极好机会。[2]王鸢君通过持续尝试"画"与"话"相结合，幼儿的绘画创作能力得到较大提高，语言表达随之更生动、更有趣，能大方、自信地与人交流自己的想法，运用语言的能力得到了提高。[3]

2. 发展了幼儿的创造性思维

王锟根据幼儿的思维发展特点，在绘画和语言综合活动中，创设绘画和语言综合活动的环境，注重活动过程及作品展示相结合的形式，适时对幼儿进行启发、引导、激励。他认为这对发展幼儿的创造性思维是极为有效的途径。[4]李力加在《萌动与发展：幼儿美术教育学研究》一书中提到"说画"能激发幼儿的创造性与想象力，因为幼儿"说画"促使孩子的画通过听觉和视觉备受关注，这能激发幼儿对绘画的热情与兴趣。这与周万能的研究结果一致。[5]还有学者在教学实践探索

[1] 王静花. 不可忽视幼儿绘画活动中的"说"[J]. 考试周刊, 2013(33):1.

[2] 龚书静, 韦耀阳, 张纯. 绘画在幼儿语言教育中的应用研究[J]. 基础教育研究, 2014(11):3.

[3] 王鸢君. 以画导话 以话促画:利用"绘画日记"促进大班幼儿语言发展的实践研究[J]. 名师在线, 2018(1):2.

[4] 王锟. 在绘画和语言综合活动中发展幼儿创造性思维[J]. 楚雄师范学院学报, 2024, 19(4):4.

[5] 周万能. 论"说画"[J]. 艺术教育, 2011(1):120-121.

中实行"画—话"融合，结果表明：这种形式不仅能很好地完成绘画教学任务，还能培养幼儿的创造性思维。[1]

3. 促进了幼儿内心情感的表达

有许多学者提到了"画—话"联结活动对幼儿内心情感表达有促进作用。如章燕认为要注重幼儿绘画过程中绘画语言的培养，将会使幼儿感受到对身边环境的喜爱和对于家庭、老师、同伴深厚的感情，有助于心理上的发育和成熟。[2]王庆云认为绘画日记的过程是幼儿情绪表达和情感宣泄的过程。幼儿在自己的作品中倾诉着自己的快乐、忧伤、恐惧、同情和爱，如小鸟、好朋友、蝴蝶、战争……幼儿通过自己的绘画语言，尽情宣泄着自己的情感。[3]

三、现实起点

（一）幼儿童真表达发展水平现状

研究者借鉴了《指南》中艺术、语言领域的发展目标，结合童真表达和"画—话"联结活动的内涵，以及活动目标中"擅表达"的内容，经过专题讨论、专家指导、实证研究，制订了《幼儿"画—话"联结发展水平观察评价指标》。幼儿绘画表达包括主动性、主题性、丰富性和结构性四个维度，幼儿语言表达包括主动性、丰富性、生动性和主题性四个维度，以及"画—话"联结主题性，每个维度都有 4 个水平，记 1—4 分，水平越高得分越高。

研究对象是在 3 个园部小、中、大班每个班级随机抽取 7 名幼儿，每个年级 9 个班级，即小、中、大班各抽取 63 人，共计 189 人。调查的方法是伴随自然情境，课题组进入班级对抽取的 7 名幼儿进行日常观察，每次观察 30 分钟，根据幼儿当天自由绘画的内容和表达的内容作为记录，在一个月内观察三次，取三次观察的平均值作为调查结果。调查时间为：2019 年 3 月—2019 年 4 月。

---

[1] 刘莉. 画中有话 话里有画:幼儿美术活动的新途径[J]. 现代阅读(教育版), 2013(09):248.

[2] 章燕. 谈谈5—6岁年龄段幼儿绘画语言的培养与强化[J]. 教育教学论坛, 2017(11):277-278.

[3] 王庆云. 聆听孩子内心的真实世界:探索幼儿的"绘画日记"[J]. 好家长, 2017(42):1.

表 1　幼儿 "画—话" 联结发展水平观察评价指标

园部：　　　　班级：　　　　姓名：　　　　性别：　　　　测试人：

维度	绘画	分值	维度	语言	分值
主动性	能主动绘画	4	主动性	能独立、大胆地表达	4
	需要在成人鼓励下进行绘画	3		需要在成人偶尔的鼓励下独立表达	3
	需要在成人反复鼓励下进行绘画	2		需要在成人多次的鼓励下表达	2
	不愿意绘画	1		不愿意表达，成人多次鼓励后仍不愿意表达	1
主题性	整个画面有明显的主题	4	丰富性	运用形容词、连词、副词、成语等多类词汇以及较长的句式进行表达	4
	有主题但不明显	3		会用常用的词汇进行较完整的句式表达	3
	无主题但有整体画面	2		有基本完整的句型结构（包含主、谓、宾）	2
	零散无主题	1		表述简单，无句型结构	1
丰富性	选择颜色种类多，画面色彩鲜明，能有主调地表现主题	4	生动性	讲述时会使用一定的语音、语调、动作、表情（四要素）来表现故事	4
	选择颜色种类较多，画面色彩鲜明，但主调不明显	3		满足以上三个要素	3
	颜色的种类较少，画面色彩单调	2		满足以上两个要素	2
	无规律地乱涂色	1		不满两个要素	1

（续表）

维度	绘画	分值	维度	语言	分值
结构性	能用熟练流畅的线（直线、曲线、折线）和很多细节来准确地表现物体特征，结构合理、紧凑	4	主题性	会使用常用的连接词围绕主题有顺序、有重点地讲述几个事件的关系	4
	能把线条组合在一起，形象的各组成部分基本齐全，特征显著但形象的整体性不强	3		基本围绕主题表明事件发生的顺序	3
	能用线条表现物体的基本部分，但结构不合理或特征有遗漏	2		只能说清一两个事件的逻辑联系	2
	乱线涂鸦，无结构特征或结构特征错误，不能反映事物的形象	1		讲述散乱，毫无条理性	1
绘画表达得分			语言表达得分		
"画—话"联结主题性	所有语言表达与绘画内容吻合	4	备注：		总分
	多数语言表达与绘画内容吻合	3			
	部分语言表达与绘画内容吻合	2			
	语言表达与绘画内容没有关联	1			

　　研究者对观察评价结果进行了梳理，发现幼儿在绘画表达、语言表达以及"画—话"主题性上存在以下现状特征：

1.幼儿主动表达的愿望较为强烈，但表达能力有待提升

为了了解我园幼儿在绘画表达和语言表达方面的发展现状，将数据按照年龄和维度计算不同水平的百分比，结果如下表。

表 2　幼儿发展现状调查（N=189）

观察内容	班组	绘画表达				语言表达			
		水平一	水平二	水平三	水平四	水平一	水平二	水平三	水平四
主动性	小班	2%	6%	25%	67%	3%	38%	30%	29%
	中班	2%	6%	14%	78%	2%	3%	28%	67%
	大班	0%	10%	10%	80%	0%	2%	17%	81%
丰富性	小班	45%	52%	3%	0%	71%	27%	2%	0%
	中班	6%	64%	27%	3%	14%	57%	29%	0%
	大班	0%	46%	44%	10%	3%	30%	57%	10%
主题性	小班	70%	22%	5%	3%	68%	24%	8%	0%
	中班	14%	37%	38%	11%	21%	44%	33%	2%
	大班	2%	28%	40%	30%	3%	38%	48%	11%
结构性/生动性	小班	51%	46%	3%	0%	78%	16%	6%	0%
	中班	8%	51%	38%	3%	41%	46%	13%	0%
	大班	0%	27%	48%	25%	40%	49%	11%	0%

通过表 2 我们可知，幼儿的绘画主动性发展较好，大部分幼儿均能达到水平四，即表现为能主动绘画，不需要成人的鼓励或提示；在语言表达主动性上，中大班幼儿基本能独立、大胆地进行语言表达，小班幼儿有 38% 需要成人多次鼓励才能进行语言表达，30%幼儿需要成人偶尔鼓励再进行语言表达，只有 29% 的幼儿能独立、大胆地表达，这也与幼儿年龄发展特点以及幼儿来园情况有关。小班幼儿本身在语言表达能力上的发展较弱，又因为刚入园两个多月，部分幼儿还在适应环境、教师

及同伴的情况，所以可能语言表达受限制。

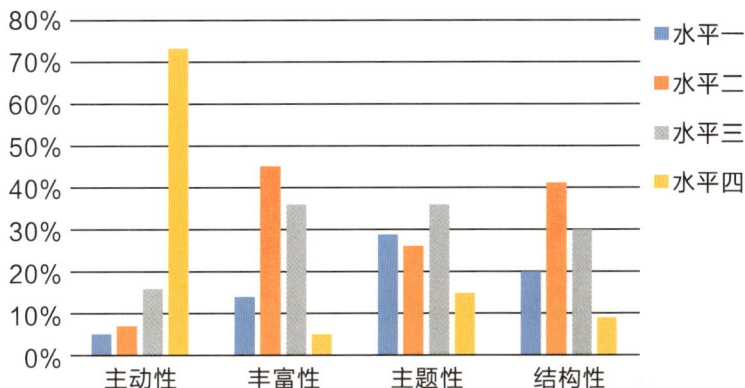

图 2　幼儿绘画表达不同维度水平发展现状

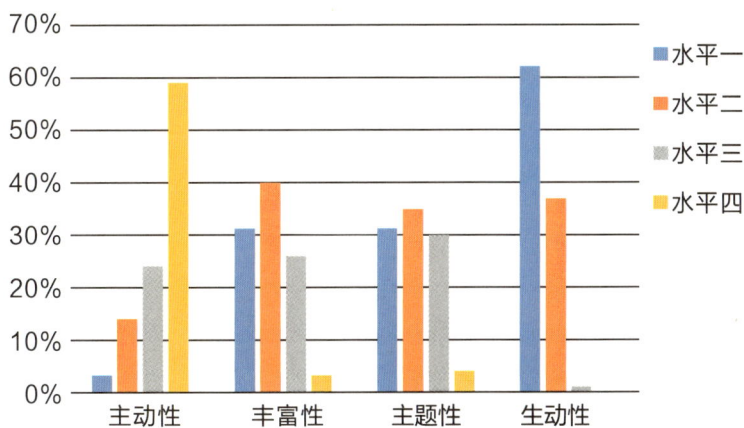

图 3　幼儿语言表达不同维度水平发展现状

　　通过图 3 和图 4 可知，幼儿绘画和语言表达的主动性大部分处于水平四，但是在绘画表达的丰富性、结构性的维度上大部分集中在水平二、水平三之间，主题性在水平一到水平三均有较高百分比分布，典型的表现就是：幼儿绘画作品虽然有整体画面，但是绘画的主题并不明显；选用的色彩有些会单调，有些虽然色彩多，但没有明显的主调；可以用线条将基本形象特征表现出来，但整体性不强，有些形象特征还会被遗漏。

　　幼儿在语言表达的丰富性、生动性、主题性维度上大部分集中在水平一、水平二，其典型行为是：能用简单的主、谓、宾进行基本的语言表达，但讲述内容简单，不够完整；讲述时没有太多的语调变化，话语平淡，基本不会用动作或者面部表情来辅助语言表达；能基本围绕人物、地点、事件发生的前后顺序进行讲述，但只能说清一两个事件的逻辑联系，缺少连接词的使用。

2.幼儿的童真表达水平随着年龄的增长而提高，但各年龄段之间差异较大

为了进一步探究不同性别和班组在"画—话"联结上的差异，分别将性别和班组作为自变量，绘画表达得分和语言表达得分作为因变量，进行独立样本 t 检验和单因素方差分析，结果见下表。

表3　不同性别和班组幼儿绘画、语言水平的差异比较

| 变量 | 性别 | | | 班组 | | | |
	男（N=90）	女（N=99）	t	小班（N=63）	中班（N=63）	大班（N=63）	F
绘画表达 主动性	3.59±0.73	3.72±0.59	1.318	3.57±0.69	3.68±0.668	3.71±0.633	0.805
绘画表达 丰富性	1.99±0.71	2.30±0.80	2.856**	1.57±0.588	2.25±0.671	2.63±0.655	44.784***
绘画表达 主题性	2.26±1.13	2.29±1	0.242	1.4±0.752	2.44±0.912	2.98±0.813	59.81***
绘画表达 结构性	2.17±0.89	2.38±0.92	1.644	1.51±0.592	2.35±0.722	2.98±0.729	73.814***
语言表达 主动性	3.33±0.96	3.46±0.69	1.071	2.83±0.925	3.59±0.71	3.79±0.446	31.529***
语言表达 丰富性	1.99±0.97	2.09±0.78	0.793	1.27±0.545	2.13±0.684	2.73±0.677	83.238***
语言表达 主题性	2.03±0.99	2.08±0.83	0.359	1.37±0.679	2.14±0.8	2.67±0.718	50.1***
语言表达 生动性	1.52±0.74	1.59±0.66	0.628	1.25±0.621	1.7±0.71	1.71±0.658	9.75***
"画—话"联结主题性	2.62±0.92	2.75±0.72	1.036	2.17±0.794	2.81±0.759	3.08±0.63	25.436***

注：*表示 $p<0.05$，**表示 $p<0.01$，***表示 $p<0.001$，下同。

结果表明：不同性别的幼儿在绘画表达的主动性、主题性和结构性上，以及"画—话"联结主题性上不存在显著性差异（$p>0.05$），在绘画表达的丰富性上存在显著差异（$t=2.856$，$p<0.01$），具体表现为女孩的绘画丰富性得分高于男孩。不同性别的幼儿在语言表达能力的四个维度上均无显著差异。

不同年龄段的幼儿除了在绘画主动性上无显著差异（$F=0.805$，$p>0.05$），在绘画表达的丰富性、主题性、结构性，以及语言表达的四个维度和"画—话"联结主题性上均存在显著差异，经事后比较发现：中、大班幼儿在语言表达的主动性、丰富性无显著差异，绘画能力和语言表达能力的其他维度发展水平都随着年龄的增长而提高。将不同绘画能力、语言表达能力和"画—话"联结主题性的平均得分按照不同班组进行柱状统计图分析，我们也可以清晰地看出随着年龄的增长，幼儿的绘画表达、语言表达和"画—话"联结主题性都有所提升。

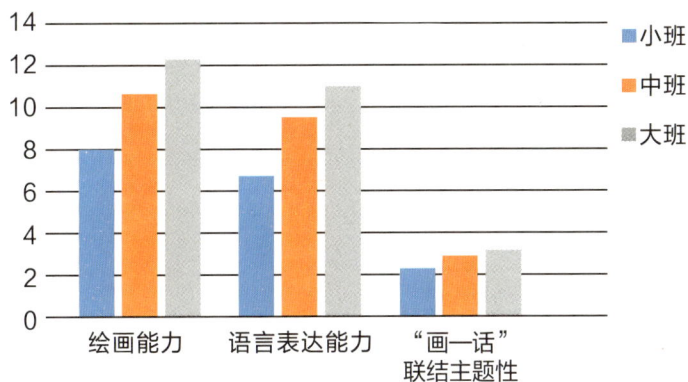

图4 各年龄段幼儿绘画能力、语言表达能力和"画—话"联结主题性平均得分的现状图

3.幼儿绘画表达水平高于语言表达水平，但"画—话"联结主题性水平较低

为了了解幼儿的绘画能力、语言表达能力发展水平，研究者采用了配对样本 t 检验，结果如下。

表 4 幼儿绘画能力和语言表达能力发展水平差异比较（*N*=189）

	差值绝对值平均值	差值标准差	*t*
绘画主动性—语言主动性	0.25	0.78	4.487***
绘画丰富性—语言丰富性	0.23	0.84	3.823***
绘画主题性—语言主题性	0.60	0.84	9.83***
绘画结构性—语言生动性	0.22	0.81	3.782***
绘画表达总分—语言表达总分	1.31	2.12	8.469***

根据表 4 和图 4 我们可知，幼儿绘画能力的各维度和语言表达能力各维度存在显著差异，具体表现为绘画能力整体发展较好，并高于语言表达发展水平。但是相对绘画表达和语言表达发展水平，幼儿的"画—话"联结主题性发展水平偏低。将每个水平人数进行比例分析，具体结果为：达到水平一为 6%，水平二为 31%，水平三为 50%，水平四为 13%。由结果可知，大部分幼儿的"画—话"联结主题性发展在水平二和水平三，典型的表现是幼儿部分或多数的语言表达和绘画内容相吻合，只有少部分幼儿能将所有语言表达与绘画内容吻合。

（三）对现实的思考

通过对幼儿"画—话"联结的现状调查，我们可以针对其中存在的问题进行进一步的分析与思考，为后续基于幼儿童真表达开展"画—话"联结活动作铺垫。从现状调查结果来说，幼儿的绘画表达和语言表达的丰富性、主题性和生动性（结构性）都还需要进一步提升，且"画—话"联结的主题性也较差，而不同年龄段幼儿之间的"画—话"联结发展存在显著差异。原因可能是幼儿在平时没有相关经验积累，缺少激发他们进行"画—话"联结的机会。因此，我们后续可以根据年龄特点开发一些适合不同年龄段幼儿的活动，创设相应的物质和心理环境促发幼儿绘画表达与语言表达的联结，例如：小班可提供大面积的涂鸦区域，让他们想画就画，从内心情感宣泄到慢慢与人沟通，同时借助多种材料促发幼儿表达的欲望；中班幼儿开始慢慢有简单图形出现，并且情绪情感表现正逐步趋于主动性、稳定性、内隐性，已具有了一定的表达能力和移情能力，可以让他们有自己专属的情感表达工具；大班幼儿开始注重与同伴之间的交往，更善于表现动态的人物，能清晰描述或描绘事件、心情、看法、感受等，因此可以开发一些利于大班幼儿同伴交往的活动。

第二节　新视野：观察识别画与话

一、初心：尊重幼儿，发现别样童真

对理论文献和时代环境的审视让研究者在脑海中勾勒出了童真表达的样态：五彩缤纷、变幻无穷，又稚拙生动。那么，在我们的幼儿园一日活动中，童真表达于何处萌芽，以何种姿态呈现，如何生长，趋向何方？我们带着这些问题在幼儿园场域下观察童真表达，以此为幼儿园的课程规划、教育实践提供依据和发展方向。

本研究的观察活动覆盖小、中、大班三个年龄段，全体教师成为观察者。鉴于童真表达与成人理解之间存在偏差，幼儿园场域有其教育的特殊性，我们首先提出了 "尊重幼儿，发现别样童真" 的观察原则，在观念上引导所有观察者遵循童真的天性、个性和特性，关注幼儿表达的状态和方式，将观察原则贯穿于观察方法、观察分析、观察反思等整个过程中。

二、行动：两 "展" 两 "变"

基于全语言教学，观察从美术活动拓展到一日生活；基于数字化、视觉化的时代背景，观察从结果观察拓展到过程观察；基于 "脑科学—关键期" 发展规律，观察从 "画" "话" 独立观察转变为联系观察；基于儿童表达的特点，观察从表达的能力转变为表达的个性倾向，从而形成了观察的两 "展" 两 "变"。

（一） "展" 单一活动至一日生活

通过文献和观察我们了解到，童真表达孵化于宽松的心理氛围、丰富的体验感受、自由的交流环境。因此，我们细细梳理幼儿园一日生活中幼儿可能的经历，筛选出利于幼儿绘画和语言表达的活动再进行优化，最终确立了三类观察场景：自发涂鸦的自由活动；自主记录的分享交流活动；自由创想的语言、美术教学活动。

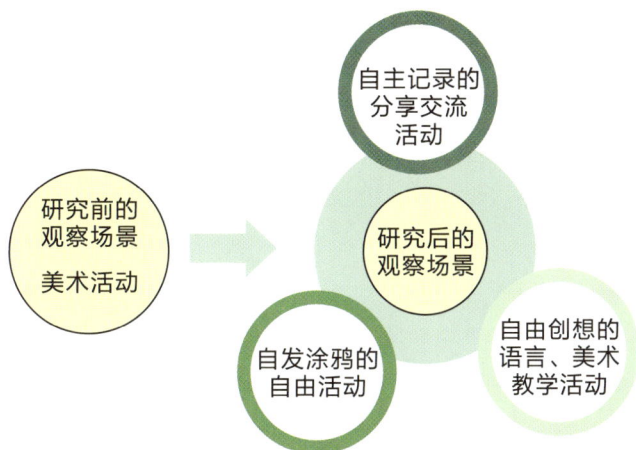

图 5 观察场景图

1. 自发涂鸦的自由活动

我们在自由活动时间里为幼儿创设宽松的涂鸦氛围、充分的涂鸦空间、充足的涂鸦材料，支持幼儿个人或小组用画笔和语言与自己对话、与同伴对话、与教师对话。

2. 自主记录的分享交流活动

运动和游戏是幼儿释放天性、自由玩耍、个性化学习的快乐时光，也是最受欢迎的幼儿园活动之一。我们为每个年龄段的幼儿提供一份空白记录纸和记号笔，活动之后组织全班幼儿一同绘画，并有选择地与部分幼儿互动，教师对每次游戏后所有幼儿的绘画作品和他们的口述内容进行收集。

3. 自由创想的语言、美术教学活动

前两类情境观察指向了幼儿的经历，第三类观察情境设定为语言、美术集体教学活动后的幼儿创想，我们的观察者如听课老师一样，随幼儿一同走进活动现场，了解他们的经历、观察分析他们的作品与语言表达行为。

（二）"展"表达结果至表达过程

法国哲学家和教育家梅洛－庞蒂说过，儿童语言不表达世界，它表达自身，是自我经历的反映。因此，对幼儿的全面观察，需要从他们一次活动的伊始就进入，保持与幼儿同一视角，与幼儿共情共享，从而了解他们的经历。所以，我们的观察路径不仅包括画作观察、一对一倾听，还包括对幼儿的表达过程进行观察，了解幼儿表达中的情绪状态和在活动中的经历。在"自主记录的分享交流活动""自由创想的语言、美术教学活动"两类观察情境前，教师还会观察幼儿的活动，以便对幼儿的表达有更全面的认识。

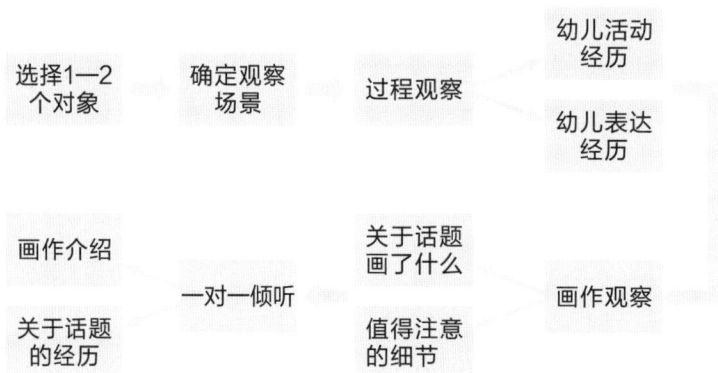

图 6　观察路径图

（三）"变"独立观察为联系观察

不同幼儿在语言、绘画表达方面的喜好和能力差异较大，因此要通过幼儿的表达了解他们的童真世界，不能偏听、偏看，需要"画""话"联系，双通道走入。同时，幼儿的表达也受所看、所听的影响，各种影响包括：同伴的画、绘本等其他画、自语、自己的画作、同伴交流、教师引导等。所以，如图 7 所示，我们把以上影响条件囊括在观察内容中，以"画—话"结合的方式进行观察。

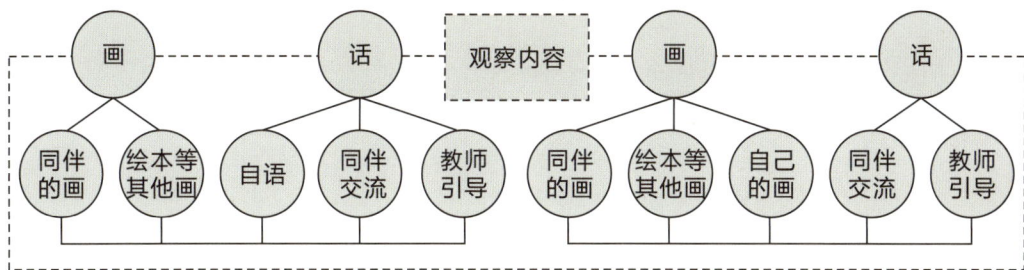

图 7 观察内容图

（四）"变"表达的能力为表达的个性倾向

我们的观察分析也遵循"尊重幼儿，发现别样童真"的原则，变标准化的评价指标为"表达的内容""表达的状态""表达的目的""表达的依据"这四类倾向记录。同时，为了让教师的记录更客观全面，我们还制订了一对一倾听提问纲要，有策略地引导幼儿与教师互动，规范教师的师幼互动用语。

表达的内容	你画的是什么？ 你想表达的是个什么故事？ 你在游戏（运动、学习）中遇到了什么事？ 你画的这个符号（形象）是什么意思？ 你画的……在这里干什么？

表达的状态	你做这件事时心里觉得怎样？ 你觉得这件事怎么样？ 你画的这个人（动物）是什么样的表情？ 你有没有遇到什么困难？ 你什么时候，和谁一起画的？ 和老师（朋友）分享时你觉得怎么样？

表达的目的	你为什么要画（说）这些事？
	你的画想给谁看？
	谢谢你的介绍，接下来你打算怎么做呢？
	你希望我为你做什么？
	你为什么选择把这件事画（说）出来呢？

表达的依据	平时你看到（经历）过这些事（东西）吗？
	你是怎么想到这些的？
	你画（说）的是刚才的哪件事（东西）？
	你是听谁说的吗？
	你经常遇到这些事吗？
	你喜欢……吗？

三、辨析："画—话"活动的三类属性

研究者的观察从 2018 年 9 月开始，到 2019 年 6 月，一共延续了一个学年，对象覆盖了 2018 学年的所有在园幼儿共 260 名，分析则通过大、小教研形式组织开展，主要聚焦"幼儿童真表达内容的倾向""绘画与语言对幼儿表达的作用""幼儿童真表达所需的支持"这三点。经过大量数据相关性、差异性分析，以及老师们的案例汇总，我们发现了童真表达的三类属性。

（一）感知、理解与想象——童真表达的"所趋"

通过大量的"画语"解读，我们深深感叹：绝不能小看孩子们的画，即使是小班的孩子，即使是杂乱无章的符号，他们的画作中也可能包含着大量的信息——有时是他们对自己感知经验的直接表达；有时是对周围事物自我感知体验后的理解表达；有时是实践体验后自我规划和美好愿望的想象表达。

这些表达通过画面传递时，有时隐藏在符号或细节中，有时则大大方方体现在主题中。这些表达通过语言传递时，则可能以只字片语或表情、动作、神态的形式

出现。我们成人需要耐心地对画作远观整体、近看细节，对幼儿的语言表达则应该给予宽松自由的环境，并在过程中关注幼儿神态、动作的变化。

花园里的小姑娘（小班）

两个女孩来到了涂鸦板前，她们自主选择材料，自由结伴开始绘画表达。两个孩子既独立创作形象又相互欣赏作品，同时边画边自语，当听到同伴说的话中有自己感兴趣的内容或有同样感受时，会和对方简单互动。

感知

妞妞（左）：

我的小姑娘是短发，像我妈妈，我妈妈很好看。

理解

我的小姑娘睫毛很长，小姑娘眼睛都是这样的。

她的裙子是粉红色的，我衣服上也有粉红色哎。

感知

感知

佳佳（右）：

我的小姑娘是长头发，我喜欢长头发，我就是长头发。

想象

我这个小姑娘裙上是一个小妹妹，她有妹妹，这是她妹妹。

我们两个小姑娘在花园里玩呢。

想象

一封道歉信（中班）

在一次个别化学习活动中，小雅在用来表达心愿的粉红色爱心便利贴上画下了一幅画。分享交流开始前，她悄悄把这幅画给了小西瓜，并在他耳边说了几句话。在接下来的自由活动时，小西瓜问老师，是否可以再用一下爱心便利贴。经过同意后，他也在便利贴上画了起来……

感知

小雅：昨天我和小西瓜一起玩捉迷藏，他在抓我的时候碰到了我的脸，有点痛。但是他没有和我说"对不起"。所以我写信告诉他，让他下次玩的时候要小心一点。

理解

感知

小西瓜：昨天我打到小雅了，我不是故意的，现在我是来向她道歉的。这个是我，跪在地上，这样说不定她就会原谅我，继续和我做朋友。

想象

帽子床新编（大班）

刚开学时，双胞胎在书架上发现了在中班时读过的绘本故事《帽子床》，她们有些惊喜，说："哇，这不是我们小时候看过的《帽子床》吗？"然后，两人又重新翻阅起来，边看边说边笑，还讨论起来："帽子其实还可以用来做别的事情。"随后，她们就在自己的绘画记录本上开始创作新的有关帽子床的故事。

想象

双胞胎妹妹：姐姐你看，小老鼠一家出去郊游啦！它们把帽子当成了帐篷，里面还有在烧的食物，外面还长了很多小花小草。天上下雨了，它们躲在里面。

双胞胎姐姐：我也画好啦！老鼠妈妈和老鼠妹妹把伞当成了像海盗船一样的家，船上还有床、桌子和椅子。它们在海上"游"来"游"去。船上还有一个帐篷，下雨了不会淋雨。

想象

（二）"画""话"相辅相成——童真表达的"所历"

我们结合教研活动，对小、中、大班年龄段幼儿的"画—话"表达都进行了观察分析，不同年龄段幼儿对自己的、同伴的、教师的、绘本等其他画以及"话"的接受与反馈都不同，各有特质。

1.同伴的画对各年龄段幼儿的影响分析

同伴的画对小班、大班幼儿自己的绘画表达有显著影响，但对中班幼儿影响较小。小班幼儿在自由表达情境中以无意识创作为主，无计划，且注意力容易被周围事物吸引，所以经常会停下来观看他人的作品，此时同伴的画会对幼儿接下来的绘画表达产生影响。大班幼儿社会交往意愿增加，自由表达情境下幼儿经常出现相互交流观察同伴作品的情况，幼儿也会模仿同伴的符号表征方法。而中班幼儿在自由表达情境下更关注自己的感受和想法，专注于完成自我的表征符号，因此受同伴影响较小。在语言表达方面，同伴的画对三个年龄段幼儿的影响都较小，主要以询问他人画作的含义为主。

2.绘本等其他画对各年龄段幼儿的影响分析

绘本等其他画对中班幼儿的绘画行为影响较大。小班幼儿在自由表达情境下，创作动机多来源于材料吸引或同伴邀请，同时也没有收集、获取信息的意识。大班幼儿已经积累了较为丰富的绘画表达经验，创作内容多表达自身体验和感受，自主意识较强，因此不太受绘本影响。而中班幼儿对图形图像的理解探索意识不断增加，对绘本的兴趣非常强烈，因此其绘画表达能力易受绘本等其他画作的影响。

3."自语""自画"对各年龄段幼儿的影响分析

自语对三个年龄段幼儿的绘画表达都有显著影响。小、中班幼儿在绘画表达过程中都有自语的情况，幼儿在边说边画过程中，绘画表达较不说只画更为流畅。大班幼儿虽然自语情况较少，但都已经形成了"解说画作"的意识，乐意与同伴大胆分享交流自己的作品，也会在介绍完画作后继续对画面进行补充。自己的画作对三个年龄段幼儿的语言表达也同样具有显著影响。小班幼儿主要表现为"以画激话"，即借由画作激发其介绍画面、表达自我的欲望，语言表达的主动性提高。中班幼儿表现为"以画补话"，画面成了幼儿记忆和想象的外显形式，幼儿看着画面中的图形符号内容不断补充自己的语词、语句，有时为了让画面中的符号互相联系，幼儿还会使用各种连词，甚至通过语言来拓展画面的内容。大班幼儿则有了"以画创话"的行为，即幼儿既能详细描述画面上各种图形的细节以及彼此间的关系，同时还能说出整体画面蕴含的内在缘由和潜在可能，对画面的前因后果进行语言表达的创新。

4. 同伴交流对各年龄段幼儿的影响分析

同伴交流对幼儿绘画表达的影响在大班年龄段中尤为显著。在自由表达情境中，大班幼儿通常以自发组队的形式进行绘画表达。在过程中，他们不仅相互观察了解同伴的画面，同时也会用语言不断传达自己的创作灵感、意图，同伴交流不断发生，有时同伴对自身经历的介绍会激发出新的绘画灵感——幼儿会把听到的内容通过细节反映在画面上，有时也会直接采纳同伴对画面的建议进行修改。同样，在绘画过程中的自由交流也让幼儿说明性表述的逻辑性更强，幼儿通过对话及绘画创作不断重组表述中的各类语序，使之能够较为完整清晰合理地表述自己的想法。

5. 教师引导对各年龄段幼儿的影响分析

在自由表达情境下，教师引导主要以绘画分享交流中的鼓励和追问为主。从统计数据看，中班幼儿受影响程度较大，主要表现在语言的丰富性和流畅性上。绘画的丰富性通过教师引导定会有所提高——中班幼儿会在分享交流后通过增加符号、丰富色彩的方式对画面进一步修改。小班幼儿在分享交流后不会再对画面进行修改。大班幼儿的独立性和自主性较强，分享交流中以描述性说明和想象性说明为主，教师的引导相对其他年龄已经减少，因此影响也减少。

（三）对话、理解与视界——童真表达的"所需"

1. 对话

一般来说，研究者会建议观察者不打扰幼儿的行为，以旁观者的身份进行。但

在 "画—话" 联结活动中, 由于幼儿的绘画表达方式和目的与成人的不同, 在对画面的理解上, 成人和幼儿之间会有很大的差异, 因此需要成人主动和幼儿进行讨论交流, 以了解幼儿画作的真实内容和其背后所包含的意义, 也就是我们通常所说的 "童画解读"。而在语言方面, 由于很多活动都是由教师发起的, 因此教师的语言本身也是需要被观察的内容。而现有的很多观察活动都是由活动发起的教师开展的, 因此在 "画—话" 联结活动中, 教师可以以参与者的身份进行观察。

2. 理解

说到幼儿的绘画, 很多成人乃至幼儿教师都会以 "艺术评论" 的视角来观察和评价幼儿的画作, 在制定观察内容时, 习惯用色彩、线条、构图这样带有强烈艺术特质的维度去观察评价幼儿的绘画行为。很多老师都会向研究者抱怨说 "这个孩子的画画水平不高, 线条杂乱无章, 不知道要表达什么"。但通过观察, 研究者发现在孩子看似杂乱的线条中, 往往蕴含着许多具有意义的符号。当遇到自己感兴趣的主题时, 年龄越小的幼儿线条表现越自由, 同时画画过程中的流畅性也并不比更大年龄的幼儿弱。这说明小年龄的幼儿并不关注作品的艺术性, 他们更倾向于将绘画作为一种表达的工具, 追求的是自己内心世界向外输出的过程。因此, 我们在观察、评价幼儿的画作时, 应该多思考如何以 "工具" 的视角来开展活动。

3. 视界

"即兴与自我思考" 是产生童真表达的基因, "身心投入的活动" 是培育童真表达的土壤, "开放自由的环境" 是滋养童真表达的雨露。儿童绘画并不是对外在世界中事物的严格模仿, 而是对事物的知觉表达。儿童倾向于描绘触摸过的和有过情感体验的东西。在语言方面, 儿童首先把词语当作句子来使用, 儿童的语言是在具体情境中的自我表达, 是自我内在状态的表达。所以儿童的语言也是有个性的, 反映的是他们觉知的世界。我们看见的童真表达是多感官、实践操作下儿童的真实表达, 是折射身体觉知、情感态度、认知经验的个性表达, 需要我们给孩子大视野——积极的、深入的、广泛的体验, 大心脏——包容力、自我肯定, 帮助他们用视界打开世界。

第三章

联结生成：

活动的创生与支持

第一节　活动目标确立

一、目标的选择依据

"珍视幼儿的内心语言，鼓励幼儿自发、自由、自主表达自己的情感和想法"是本研究的主导思想。幼儿的各种表达，直接体现的是其思维的过程，是幼儿对自己、对他人、对自然、对社会的各种认识、探索的结果。教师基于幼儿的童真表达，可以进一步了解幼儿的所思所想及所知，并对其进行适宜的回应与引导。因此，在活动目标的研究过程中，课题组始终坚守"童真"内涵，关注"画"和"话"之间的双向联结价值和功能，立足活动特质，以遵循儿童发展规律、顺应儿童发展需求、着眼儿童可持续发展为原则，推动目标的制订、落实与优化。回溯活动目标研究过程，共经历了三个阶段。

（一）基于国家文件与领域教学发展趋势拟定目标 1.0 版

1. 以国家纲领性文件为基础

《指南》是国家发布的关于幼儿园课程以及活动质量评价的重要参考文件，其中对幼儿在语言、艺术等五大领域的发展做出了详尽的目标要求。本课题的"画—话"联结活动是一种幼儿园特色教育活动，也是幼儿园园本课程。因此本课题以国家纲领性文件为基础，对照寻找相契合的发展目标，力求使园本课程促进幼儿的全面发展。本研究检索《指南》中五大领域的总体发展目标，找出与园本的绘画、语言活动预期达成目标相匹配的内容，作为目标定位的重要依据。

```
          目标定位依据
    ┌────┬────┬────┬────┐
  健康领域 社会领域 语言领域 科学领域 艺术领域
    ↑    ↑    ↑    ↑    ↑
 情绪安定愉快 清楚表达自我 自尊自信自主 亲自然喜探究 喜欢美的事物
          乐听故事看书 愿意与人交往       欣赏多样艺术
          初步阅读理解             大胆进行表现
          书面表达愿望             有表现创造力
          书面表达技能
```

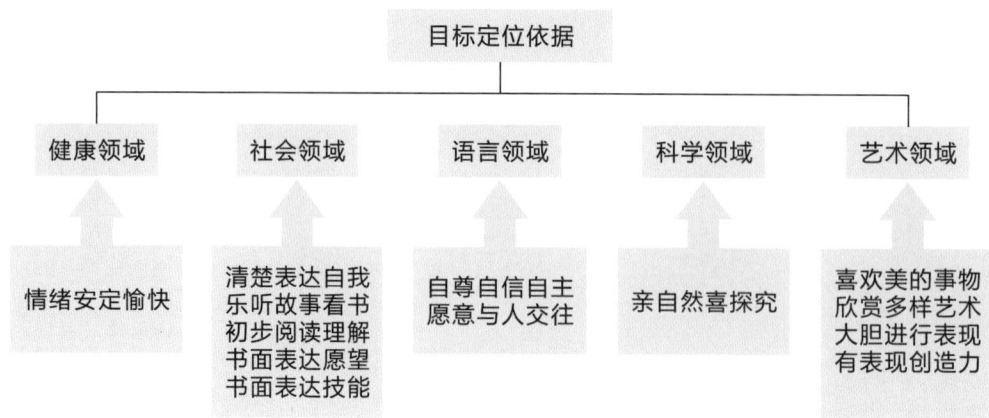

图 8　《3—6 岁儿童学习与发展指南》中的关键字检索

2. 以语言领域核心经验为参考

除了《指南》，课题组成员还查阅了《学前儿童语言学习与发展核心经验》，该书指出，根据不同的语境，可以将语言活动分为谈话、讲述等多种活动方式，不同的方式下幼儿的发展目标也有所不同。[1]

表 5　《学前儿童语言学习与发展核心经验》中提取的关键字

语言活动方式	核心经验	关键字
谈话活动	倾听习惯和能力； 掌握并运用交流和表达的规则； 初步运用谈话策略； 使用丰富多样的词句讲述； 感知独白语言的语境。	习惯能力 掌握规则 运用策略 多样规范词句 条理讲述 语境感知
叙事性讲述	有条理地组织讲述的内容； 使用丰富多样的词句讲述； 以独白语言的形式进行； 有条理地组织讲述的内容。	
说明性讲述	使用规范准确、简洁明了的说明词句； 理解说明性讲述的内容组织方式； 使用丰富多样的词句讲述； 有条理地组织讲述的内容。	

[1] 周兢. 学前儿童语言学习与发展核心经验[M]. 南京:南京师范大学出版社, 2015.

研究者将"画—话"联结活动的特点与核心经验对照发现，谈话活动、叙事性讲述、说明性讲述三类语言活动与"画—话"联结活动的特点较为符合。通过进一步文献检索发现，在不同类型的"画—话"联结活动中，幼儿的行为倾向不同，因此核心经验有所不同，这些经验可以作为活动目标的关键字。

3. 有关儿童绘画评价的文献参考

《指南》中没有关于绘画活动比较明确的发展目标，多数都是从情感和态度的角度出发，课题组将此归纳为"表达的主动性"。另一本关于儿童绘画活动评价的著作《创造与心智的成长》是通过对绘画过程的观察和作品的评价来分析幼儿心智发展的特点。[1] 因此，研究者从罗恩菲德的评价表中，结合本研究需要提取出了部分要素，作为幼儿绘画发展目标关键字。

表 6　《创造与心智的成长》中提取的关键字

罗恩菲德观察分析内容	观察分析内容关键字
感情成长	表达的主动性、细节的丰富性、主题的表现性、色彩的敏感性
社会成长	主题的表现性、经验的相关性
知觉成长	细节的丰富性、主题的表现性、符号的象征性
生理成长	细节的丰富性、表现的独创性、符号的象征性
美感成长	主题的表现性、色彩的敏感性、画面的艺术性
创造性成长	过程的流畅性、色彩的敏感性、表现的独创性、符号的象征性

4. 汇总梳理形成总目标

通过对三组关键字的汇总梳理，本研究发现文件和文献中"绘画"和"语言"的发展目标主要关注幼儿的情感态度、经验能力两个方面，但领域针对性较强。"画—话"联结活动是基于童真表达的，它还包括幼儿的自我认知和社会认知。因此，本课题将"画—话"活动总目标分别定位在绘画、语言、社会三个领域，具体

---

[1] 罗恩菲德. 创造与心智的成长[M]. 长沙:湖南美术出版社, 1993.

内容如下。

语言：愿意倾听他人，欣赏并理解周围符号的意义，会清楚地表达出自己内心独特的想法。

绘画：喜欢进行绘画活动并大胆地表现，愿意和他人分享自己的绘画作品，有初步的想象能力和创造能力。

社会：幼儿对周围事物的变化与发展充满兴趣，乐于观察周围的人、事、物，愿意与人交往，具有自尊、自信、自主的表现。

（二）基于实践研究拟定目标 2.0 版

1. 实践观察检验活动总目标

课题组在全园开展了想画就画、心情日记、传说邮局活动，并投放了观察记录表，引导教师跟踪观察活动中幼儿的行为，并尝试依据总目标对幼儿在绘画、语言、社会领域的发展情况进行分析，发现存在以下问题。

（1）原目标描述笼统，造成教师理解上的歧义，影响了判断分析的一致性。如："会清楚地表达出自己内心独特的想法"，有的教师认为需要根据幼儿对画作的介绍情况进行分析判断，有的教师认为幼儿的语言内容不应受到局限。

（2）目标以领域划分，人为割裂了"绘画"和"语言"的联系性。教师在优化活动组织过程中侧重关注幼儿两个领域发展情况，忽略培养幼儿的多元表达能力，造成活动缺乏"画—话"联结活动特点。

（3）目标内容涵盖面狭窄，缺少对幼儿在活动中所获发展的全面评估。如小班幼儿语言表达的主动性差异性较大，有教师反映通过"画—话"联结活动幼儿的主动性会有一定程度提高，但是总目标中没有这一发展目标。此外，绘画领域中也缺少对幼儿绘画表现力的评价目标。

2. 反思梳理确定新的活动总目标

本课题对不同活动中幼儿可观察到的发展内容再次进行了梳理，发现有以下的共性要素，并将这些要素作为制订总目标的依据。

表 7 不同"画—话"联结活动中的可观察到的发展内容

活动名称	访谈提纲	可观察到的绘画发展内容
想画就画 心情日记 传说邮局	发音的准确性 提问的主动性 表达的主动性 表达的丰富性 语词的选择性 表达的流畅性 表达的逻辑性 表达的独创性	表达的主动性 细节的丰富性 语言的影响性 过程的流畅性 主题的表现性 色彩的敏感性 想象的丰富性 符号的象征性

通过进一步的筛选归纳，本研究最终决定对总目标进行调整，将"绘画""语言""社会"三个领域进行整合，增加幼儿发展方向，同时从表达态度、能力的角度重新划分成"自主性""丰富性""清晰度""联结度"四个维度，形成以下目标。

总目标：培养具有良好的表达能力、优秀的审美品质、健康的行为习惯，学习潜能展露、情绪积极愉悦的儿童。通过幼儿园"画—话"联结活动的实施，使幼儿成为"爱画爱说擅表达"的儿童。

（1）幼儿在"画—话"联结活动中，敢于表达自己内心的想法，并乐于、喜欢表达，体验童真表达的快乐。

（2）在适宜情境的构建与互动中，积极运用已有经验，实现表达方式的自然、表达内容的丰富，以积极的情绪投入创造性活动中。

（3）在把玩和使用艺术材料的过程中，善于表达内心的真实想法。语言表达清晰，绘画表达流畅。

（4）在有效"画—话"联结支持策略推动下，把语言作为后续绘画行为的导向，用绘画作品充实语言表达。"画"和"话"互为补充，互相匹配联结。

（三）基于观察论证确定目标 3.0 版及各年龄段目标

1. 增加对教师观察行为的观摩

除了对幼儿进行观察分析之外，本研究也在想画就画、心情日记、传说邮局三类活动中对教师进行观察：通过评定法观察教师的活动组织情况，对小、中、大班各 2 个班级的 6 位教师活动进行观摩，以此来进一步判断教师在观察操作中存在的问题，从而调整目标，帮助教师进一步明确"画一话"联结活动的价值。

2. 专题研究确定各年龄段目标

结合陆续开展的"画一话"联结活动，本课题还开展了目标制订专题研究活动。请教师结合观察表对幼儿的发展水平和行为特点进行分析，以此作为各年龄段发展目标制订的依据。经过一个学年对全园所有班级幼儿的观察分析，各个年龄段研究小组分析收集到的信息，梳理汇总各年龄阶段语言及绘画最高、最低行为水平样式。

表 8　各年龄段语言最高、最低行为水平样式

内容	行为等级	年龄段		
		小班	中班	大班
表达的主动性	最低水平	始终不愿意交流介绍作品	不愿在集体面前交流，同伴交流时声音轻	在教师鼓励下愿意交流分享
	最高水平	成人引导下或同伴交流时会主动介绍	能主动、完整地介绍或交流	自发地主动地和同伴和教师介绍交流
表达的丰富性	最低水平	能根据提问说出 1 个词	能用几个简单的词连接句子	能用包含主、谓、宾的句子表达
	最高水平	能说出简单的包含主、谓、宾的句子	句子有主、谓、宾，并运用颜色、形状等形容词	能常用形容词、成语能表达因果、转折的句子
绘画的影响性	最低水平	不匹配，讲不出画的内容	只能说出画面的部分内容	画得少、说得简单
	最高水平	画什么说什么，并有一定的情节	能说出画面上大多数内容	内容多每个内容都能说到并能建立起关系

（续表）

内容	行为等级	年龄段		
		小班	中班	大班
表达的逻辑性	最低水平	各事物间毫无关系	对各个画面上的内容分开讲述	能按照一种顺序将画面上的多要素串联并交流
	最高水平	能对3个以内绘画内容按一定的顺序进行讲述	能按时间、事情发展等某种顺序对画面上的各个要素进行交流介绍	能用一种顺序将画面上的各个要素进行串联并交流
表达的流畅性	最低水平	只用简单词回答教师提问	只主动表达1句话，其他需教师追问	能主动表达1—2句，之后需要追问或思考
	最高水平	能连续讲2句短句无中断或"嗯""啊"等词	能连续讲4—5句短句无中断或"嗯""啊"等词	能连续讲6句以上短句无中断或"嗯""啊"等词
主题的相关性	最低水平	不能说出相关内容	能说出和主题相关的简单词句	基本围绕主题讲述
	最高水平	能根据图片说出简单的情节	能说出的内容始终围绕主题	能始终围绕主题讲述，内容丰富

表9 各年龄段绘画最高、最低行为水平样式

内容	行为等级	年龄段		
		小班	中班	大班
表达的主动性	最低水平	始终不愿意参与绘画活动	在教师鼓励或陪伴下愿意进行绘画	受材料、同伴等外界因素影响进行绘画
	最高水平	绘画过程专注主动	能主动参与绘画活动并选择材料	会主动寻找材料，或设定主题，或主动修改画面

（续表）

内容	行为等级	年龄段		
		小班	中班	大班
表达的丰富性	最低水平	只有单一符号	有基本造型但无装饰	单个造型，但有绘画对象的基本特征
	最高水平	有和主题相关的3—4个图像或符号	有和主题相关的4—5个图像或符号	有和主题相关的5个以上图像或符号，同时对形象有细节装饰
语言的影响性	最低水平	画画时没有和语言有关的内容	边画边自语，自语内容对绘画有影响	绘画时不和他人交流，也不听从别人的想法
	最高水平	边画边自语或根据教师说的内容进行修改或添画	会基本根据听到的内容进行绘画或对绘画进行修改	会对语言内容进行选择并体现在画面上
表达的流畅性	最低水平	画到一半放弃	不断停下看同伴的画或向教师求助	绘画中超过3次停下来看同伴的画或思考
	最高水平	能独立画5分钟以上无中断	能独立绘画7分钟以上无中断	能独立绘画10分钟以上无中断
主题的相关性	最低水平	无主题	有个别零散的内容能体现主题	有2个和主题有关的内容
	最高水平	有1—2个相关内容	在中心位置有主题	能在画面中看出时间、人物，以及重要事件等

二、目标的最终确立

（一）活动总目标

本课题借鉴了《指南》中不同领域目标的制订，结合本课题的研究目标和研究内容，经过专题讨论、实践研究、教师观察确立"画—话"联结活动的总目标为：通过幼儿园"画—话"联结活动的实施，培养一群 "乐看乐思擅表达、自信乐群有创意"的儿童。

乐看乐思——乐于观察与欣赏周围的事物，能通过理解探究感知变化、分析思考，形成主动学习的意识。具体分解为观察欣赏、理解探究。

擅表达——能运用语言表达、绘画表达等多元方式，大胆自信地表述出自己内心独特的想法，满足自我表达的需求。具体分解为语言表达、绘画表达。

自信乐群——与人交往时自主自信，乐意与他人友好相处，积累社会交往的经验，形成初步规则意识。具体分解为自主自信、友好相处。

有创意——能大胆想象，并尝试运用不同方法创编创作，表现周围的事物和内心的想法，充分彰显个体特性。具体分解为语言创想、绘画创想。

（二）各年龄段目标

根据总目标和各年龄段幼儿的特点，本课题将总目标分化到各年龄段目标，体现每个目标的层次性，让教师更明确"画—话"联结活动的目标。

1. 乐看乐思

（1）观察欣赏。

小班：喜欢大自然中美的事物和艺术作品，被美好的事物吸引，乐于欣赏艺术。

中班：欣赏美的事物，能感知并发现其变化，能关注色彩、形态等特征并产生联想和情绪反应。

大班：乐于收集美的事物，喜欢并能积极参与参加艺术欣赏活动，对周围美好的事物有自己的欣赏视角。

（2）理解探究。

小班：喜欢摆弄各种物品，好奇好问。

中班：喜欢接触新事物，提出问题、大胆猜测、收集信息。

大班：对感兴趣的事刨根问底，学习多途径收集信息。

2. 擅表达

（1）语言表达。

小班：愿意在熟悉的人面前说话；能用普通话表达自己的感觉、想法；能口齿清楚地表达自己的需要和想法，必要时能配以简单的动作和表情。

中班：愿意与他人交谈，喜欢谈论自己感兴趣的话题；能清楚地讲述自己的所见所闻和经历的事情；会用常用的词汇进行较完整的句式表达。

大班：愿意参与他人讨论，能在众人面前表达自己的想法；乐于参与有主题的讨论，能清晰明确地在众人面前表达自己的想法；能运用形容词、连词、成语等多类词汇以及较长的句式进行表达。

（2）绘画表达。

小班：能涂涂画画自己喜欢的事物；乐意用简单线条、色彩进行表达。

中班：能运用美术方式表达自己的所感所想；能用图画和符号表达自己的愿望想法。

大班：能通过较丰富的美术方式进行有主题的表达；能用图画和符号表现事物或故事。

3. 自信乐群

（1）自主自信。

小班：乐意运用绘画和语言进行情感和认知表达；对自己的作品感到满意。

中班：能按自己的想法大胆地进行表达和创作；尝试用绘画和语言表现自己的长处，并能从中获得自信和安慰。

大班：乐于尝试主动发起同伴间的交流，也能在交流中积极表达想法；愿意接触不同的绘画表达方式，并努力用绘画表现自己的想法。

（2）友好相处。

小班：能通过交流，感知他人的情绪及变化；能注意到他人的绘画作品并作出较为积极的反应。

中班：能通过语言和绘画了解每个人有不一样的情绪、喜好等；乐意通过绘画语言向同伴分享自己的心情故事。

大班：能用合适的表达方式对他人表现关心、感谢；乐意与同伴一起合作进行故事、绘画等表达创作活动。

4. 有创意

（1）语言创想。

小班：能通过观察图书画面，说出画面所表达的内容和事件。

中班：能通过观察图书的连续画面，大致说出故事的主要情节，随着文学作品情节展开的进程，体会作品所表达的各种情绪、情感。

大班：能根据故事的部分情节和图书画面的线索续编、创编故事；能初步感受文学作品中的语言美。

（2）绘画创想。

小班：能用简单线条和色彩画出想画的人或事物，或用声音、动作、姿态模仿自然事物和生活情景。

中班：欣赏艺术作品时会产生联想，并用绘画、捏泥、手工制作等表现观察到的事物和自己的想象。

大班：乐于运用多种工具、材料或不同的表现手法，表现自己观察到的或想象的事物及感受。

第二节 活动内容架构

一、内容框架的选择依据

《上海市学前教育课程指南》（以下简称《课程指南》）中提到："活动内容的选择不仅仅是从幼儿的基本经验出发，还需要结合幼儿的年龄特点和活动需要、园所的条件和特点，并考虑利用家庭、社区及周边环境的教育资源，开发各种有利于幼儿发展的教育活动。"根据《课程指南》对活动内容和实施的要求，以及本课题核心概念的内涵及总目标，本研究将以下四个方面作为开发"画—话"联结活动内容的选择依据。

（一）童真表达内涵

本课题中童真表达的内涵是指幼儿把内心最自然本真的感知、理解、想象等思维成果，通过语言和绘画等方式自由、自主地反映出来的一种行为，表达的内容包括幼儿内心情绪情感、对周围事物的认知理解，以及在感受欣赏后创造性地表达。在幼儿进行童真表达时，教师要关注三点：第一，幼儿表达的状态是自然、本真和率性的，体现幼儿的天性；第二，幼儿表达的过程是自发、自主和自由的，体现幼儿的个性；第三，幼儿表达的内容是向真、向美和向善的，体现幼儿的特性。因此，在开发活动时，教师更多的是创设适合幼儿发展的、支持性的环境，以幼儿主动探索、自主活动为主，引导幼儿自主与真实地表达，减少对幼儿表达结果的评价，更关注幼儿的表达过程和状态。针对以上童真表达的方式及内容，本课题对应开展了童"情"、童"知"、童"想"三大系列活动。

1. 童"情"系列活动

对应童真表达内涵中幼儿对内心情绪情感的表达，包括幼儿对自我情感的表达和与同伴的情感交流互动，该系列皆为低结构活动，旨在让幼儿在与环境、材料的互动中真实表达。

2. 童"知"系列活动

对应的是童真表达内涵中，幼儿通过"画"与"话"表达对周围事物的认知理解的内容，体现了幼儿自主探索、自由表达的童真表达方式。

3. 童"想"系列活动

对应的是童真表达内涵中让幼儿在感受与欣赏、理解与内化作品后，将自己的想象通过"画"与"话"的形式再表达出来的内容，是一种创造性表达。

（二）幼儿发展规律

童"情"活动关注幼儿情感态度和自我意识的发展，与幼儿去自我中心的过程相关。通过学习《课程指南》，课题组了解到3—6岁的幼儿在不同年龄阶段的情绪情感发展不同：3岁的幼儿情绪不太稳定；4岁的幼儿开始能学习控制自己的情绪；5—6岁的幼儿情感的稳定性和有意性增长，社会性情感也开始发展。基于这样的发展规律，本研究从兴趣萌发、情绪感知、社会认知的角度出发，分别针对三个年龄段幼儿的特点设计了想画就画、心情日记、传说邮局三项活动内容。

童"知"系列活动关注幼儿对周围事物的发现、理解和表达。幼儿在与周围环境相互作用的过程中是通过直接感知、亲身体验、实践操作获得发展的，他们的经验获得是直接的、整体的。因此，我园的童"知"系列活动与健康、社会、语言、科学、艺术各个领域学习活动相互渗透，将这些内容与幼儿生活经验相联系，同时在内容架构上相互作用，设置了主题"画—话"和探索日志。主题"画—话"是以集体教学活动形式聚焦主题学习中的经验拓展；探索日志则以较为自由的组织形式契合幼儿的各类探索活动，帮助幼儿在记录、讨论过程中开展深度学习。

童"想"系列是引导幼儿将自己的所见所闻进行有意想象和自主表达的活动。幼儿的想象借助多种表达方式向外传递，其方式包括语言、绘画等。因此，本课题的我是小说家和我是设计师活动也从这两点出发。我是小说家活动聚焦幼儿语言领域的经验拓展，引导幼儿通过倾听理解、阅读和前书写完成故事创编和表演；我是设计师活动聚焦幼儿艺术领域的经验拓展，引导幼儿通过艺术作品的欣赏和同伴作品互赏完成艺术作品的创造。

（三）课程设置理念

《课程指南》中提出了"以幼儿发展为本"的课程理念，构建以开放为特点的课程内容，教师要相信幼儿是有能力的学习者，除了教师预设之外，也要根据幼儿的兴趣经验和需要，设置一些生成性的活动，给予幼儿自由发挥的空间。教师在这类活动中更多的是为幼儿创设良好的物质环境和心理环境，支持、引导幼儿主动探索和交往，满足幼儿的学习需要。

基于这样的课程理念，本课题中除主题"画—话"之外其他活动的具体内容，都是教师基于班级幼儿表达的共性特点和个性需求生成的。本课题组通过教师访谈、作品解析、幼儿行为观察梳理出内容示例。其中70%是生成性活动，30%是预设性活动，以供教师参考。

在童"情"系列中，想画就画、心情日记、传说邮局都是生成性活动，幼儿可以在一日活动中自由、自主地进行绘画表达和言语交流；在童"知"系列中，主题"画—话"是集体教学活动，探索日志是教师结合幼儿行为观察生成的活动，这类活动属于预设类活动。在童"想"系列中，我是小说家、我是设计师活动每一次创作的主题都是基于日常教学观察和教研汇总梳理生成的。

在活动内容开发中，本课题除了注重预设性活动和生成性活动的比例，还设置了"留白区"。所谓"留白区"是指三大系列下的活动并不是固定的、一成不变的，研究会根据活动的实际开展情况调整活动内容，也会在未来适当增添一些内容，形成一种动态式的发展活动机制，从而让开发的活动内容与幼儿实际发展更契合。

二、内容框架的最终确立

根据上文所提到的课程内容选择的依据和对幼儿童真表达的理解，遵循幼儿年龄发展特点，并结合本园特色课程理念及实际开展情况，指向童真表达的"画—话"联结特色活动三大系列与七类活动内容具体确定如下。

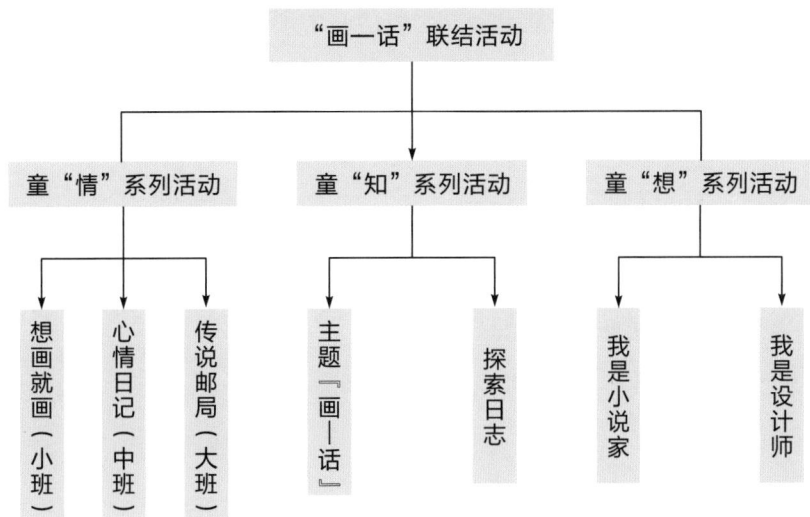

图9 "画—话"联结三大系列与七类活动内容框架图

（一）童"情"系列活动

主要指向幼儿对自己的情绪情感体验进行表达，其内容的价值在于帮助幼儿初步形成自我意识，具有积极的态度倾向，具体包括想画就画、心情日记、传说邮局三项活动内容。

1.想画就画

为幼儿创设适宜的涂鸦空间（大面积涂鸦墙），提供便于操作使用的涂鸦材料，保证充足的涂鸦时间，鼓励幼儿想画就画，大胆将内心的真实想法自由地通过涂鸦墙展示和交流，以满足幼儿自发表达活动的需求。此活动在小班实施开展。

2.心情日记

为幼儿营造宽松的心理氛围，提供人手一本的心情日记本，投放适宜的绘画材料和情绪体验绘本，启发支持幼儿以绘画日记的形式记录自己的情绪感受，并和同伴、教师讲述心情故事，表达内心真实的想法。此活动在中班实施开展。

3. 传说邮局

为幼儿创设"寄信"的情境，提供创作工具以及信纸、信封等材料。支持幼儿以图案、符号、图加文等多元表征的方式表达心中所想，并向同伴、成人传递与交流信息、情感等。此活动在大班实施开展。

表 10 童"情"活动核心经验与主题示例

活动内容	核心经验	主题示例
想画就画（小班）	1. 能关注他人或周围事物并做出较为积极的反应。 2. 乐意运用绘画和语言进行情感和认知表达，并对此感到满意。	·自我意识：我的爱好、我喜欢的、我想要…… ·人际交往：我的朋友、我的家人、我喜欢的人 ·社会适应：游戏故事、我们一起画、我的假日 ·周围事物：小花园、动物园、下雨啦 ·艺术感知：有趣的线条（图形）、好听的声音、好玩的故事 ……
心情日记（中班）	1. 通过语言和绘画了解每个人有不一样的情绪喜好，喜欢自己的班级和幼儿园。 2. 关注自我的情感，乐意通过绘画语言表达自己的喜怒哀乐并调节情绪。	·情绪感知：令我快乐（生气、满意）的事、心情一周统计表、情绪故事 ·情绪调节：生气时可以怎么做、分享快乐、我不怕 ·情绪互助：发生矛盾时可以怎么做、我来关心你、我和××的快乐故事 ·情绪表达：百变情绪脸、情绪词语 ……
传说邮局（大班）	1. 乐于尝试主动发起同伴间的交流，用合适的方式表达意愿、关心、感谢等。 2. 运用绘画、前书写等方式写信，积极表达自我的内心想法，自主自信地展示自我。	·朋友，我想对你说：我们一起玩、我要和你分享一件事、请你帮我…… ·老师，我想对你说：一日生活畅想、我很喜欢你、请你帮我（们）…… ·家人，我想对你说：我的小心愿、××你辛苦了、我想知道你的××、我很爱你因为…… ·其他人（园长妈妈、保安叔叔、保健老师、食堂大厨），我想对你说……

（二）童"知"系列活动

主要指向幼儿对周围事物的认知的表达，其内容价值在于增进幼儿对事物的感知与理解，具体包括探索日志与主题"画—话"两项活动。

1. 主题"画—话"

是指基于语言、美术领域发展目标，根据幼儿已有经验和兴趣预设组织的集体学习活动，使幼儿在倾听表达、前阅读与书写、美术欣赏表现的情感态度、知识经验、能力方法等方面获得提升，为后续学习打下基础。

2. 探索日志

是指结合班级中的项目化学习活动，支持幼儿连续、真实、多元记录学习探索中的观察、理解、计划等，并利用主题墙面、成长档案、学习小报等多维展示，给予幼儿广泛交流的机会，帮助幼儿习得语言表达的能力和经验。

表 11 童"知"活动核心经验与活动内容

活动内容	核心经验	活动内容
主题"画—话"	小班： 1. 喜欢倾听跟读儿歌童谣，说出图书画面的内容事件，用符号表达意思。 2. 能涂涂画画喜欢的事物，用简单图画或符合表达意思。 中班： 1. 能用较连贯的语言较完整讲述故事，知道标志符号的意义，体会文学作品的情感。 2. 能用图画和符号表达自己的观察、愿望和想法。 大班： 1. 能运用形容词、同义词等，能使用表示因果、假设等关系的复	小班： 这不是箱子、快乐涂鸦、这不是棍子、咕噜咕噜、魔法水果店、小兔的连衣裙、花雨伞 中班： 老鸭的店、表情畅想曲、两列火车、龟兔赛跑、兔子鸭子、春天的秘密、妈妈的魔法肚子、情绪小怪兽 大班： 静夜思、无字书、小鸟音符、嫦娥奔月、咏鹅、一园青菜成了精、小兔故事多、江南、正先生和反小姐……

（续表）

活动内容	核心经验	活动内容
主题 "画—话"	杂句子，能连贯清晰生动地讲述，并能初步感受文学作品中的语言美。 2. 能用图画和符号表现事物或故事，能写出自己的名字，书写姿势正确。	
探索日志	·小班： 1. 乐意观察探索自然和生活，喜欢摆弄各种物品、好奇好问。 2. 愿意表达自己的需要和想法，喜欢观察画面并用简单的线条或色彩表达。 ·中班： 1. 乐于动手动脑探索未知事物，感知发现各类事物与现象，提出问题、大胆猜测、收集证据。 2. 喜欢讨论，能较清楚连贯地讲述自己的经历或故事，能用多种方式表现观察到的事物。 ·大班： 1. 对感兴趣的事刨根问底，乐于持续参与有主题的讨论，学习多途径收集信息，能制定计划、验证想法、自我调整。 2. 能大胆合理表达自己不同的观点，生动连贯地描述自己的经历、见闻和对作品的理解，能用较丰富的符号、图画等来表达愿望、想法。	·自然现象 小班：黑夜、下雨、冬天来了 中班：春夏秋冬不同的天气、水真有用 大班：四季轮换、水的变化 ·动物植物 小班：植物角的植物、动物的花花衣、幼儿园里的花草树木 中班：动物园知多少、我爱吃的食物、农场动物与我们的生活 大班：动物本领大揭秘、植物大调查 ·社会与人 小班：宝宝和娃娃家、小司机、小医生、理发师、快乐的幼儿园 中班：身体的秘密、幼儿园里朋友多、周围的人、各类交通工具 大班：中国的故事、有用的科技、我的成长、小学知多少 ……

（三）童"想"系列活动

将自己所见所闻进行有意想象和自主表达，其价值在于满足幼儿爱想象的天性，促进幼儿思维想象力和创造力的发展，具体包括我是小说家和我是设计师两项活动内容。

1. 我是小说家

是指幼儿园组织家长及幼儿亲子共同创编故事和绘本，并进行交流展演的专题活动，包括故事大王、原创绘本两种活动形式。

2. 我是设计师

是指幼儿园通过多途径收集幼儿的艺术作品，以发布会、童画展、互动墙等形式组织实施的专题活动。

根据"画—话"联结活动的内涵和指向，结合幼儿的发展目标，对具体内容、核心经验、内容示例进一步细化，为教师活动内容的选择提供帮助和提示。

表 12　童"知"活动核心经验与活动内容

活动内容	核心经验	活动内容
我是小说家	小班： 1. 能观察画面说出画面所表达的内容和简单事件，并结合肢体、表情、动作等大胆讲述。 2. 能运用简单的图画或符合表达意思，乐意尝试和成人一起完成自己创作的故事书。 中班： 1. 能观察画面大致说出故事的主要内容和情节，能体会表达画面的情绪情感，并用较连贯的语言讲述故事。 2. 能运用图画或符合表达愿望想法，结合自身经历构思故事主题并用绘画、捏泥、折纸等方式制作。	·故事大王 小班：多幅连续图看图编故事、单幅图看图编故事、主题故事续编、故事讲述 中班：单幅图看图编故事、主题故事续编、主题故事仿编、故事表演 大班：单幅图看图编故事、主题故事新编、个性故事创编、故事合作表演 ·原创绘本 小班："涂鸦式"绘本创编、"照片式"绘本创编、"续编式"绘本创编

（续表）

活动内容	核心经验	活动内容
我是小说家	大班： 1. 能根据故事的部分情节或画面续编创编，语言生动语词丰富，对如何运用表情、动作等表现故事能发表自己的看法。 2. 能运用图画或符号自主创编故事，并根据表演需要制作道具、场景等。	中班："续编式"绘本创编、"经历式"绘本创编、"新编式"绘本创编 大班："新编式"绘本创编、"独创式"绘本创编、"互动式"绘本创编 ……
我是设计师	小班： 1. 喜欢观赏大自然中美好的事物，观看不同形式的艺术作品。 2. 能运用简单的线条、色彩大致画出自己喜欢的人或事物。 中班： 1. 能专心观看喜欢的艺术表演或作品并模仿或参与，产生联想和情绪反应。 2. 能运用绘画、捏泥、折纸等方式表达想象的事物。 大班： 1. 对名胜古迹感兴趣，能分享交流自己对艺术作品的体验。 2. 乐意运用不同表现手法或较丰富的色彩、线条等表达自己的观察、感受、想象，独立表现或与同伴合作，并运用作品装扮自己、美化生活。	·百变创意设计 小班：波点世界、有趣的商店、美丽的花园、沙堡探秘 中班：线条的世界、彩绘娃娃家、建构作品秀 大班：水墨新世界、生活物品大改造、创意时装秀、有趣的角落、毕业秀 ·节日主题创作 小班：给妈妈的花、新年福袋、中秋月饼 中班：给妈妈的贺卡、生肖小摆件、月亮上的小兔、端午香囊 大班：给妈妈的礼物、迎新小摆件、中国神话故事、端午粽

第三节 活动实施探索

一、童"情"系列

（一）环境创设：从开放到隐秘

从开放到隐秘是指童"情"系列活动从大块面的墙面涂鸦，逐渐转换为一人一本的心情日记本，再到兼具互动性和私密性的写信寄信。从初始的开放平行活动形式，逐渐转换为后期的单独活动形式，环境创设由开放空间逐渐变为隐秘空间。

小班幼儿喜欢独立进行创作，因为其小肌肉精细动作发展较差，作品大部分都是大块面地呈现，关注点以自我为主。而中班幼儿随着年龄发展，逐渐愿意把自己的情绪情感与同伴共享，既关注到自我也能关注到同伴。到了大班，幼儿已经能主动与同伴互动交流，从关注自身过渡到关注同伴。这也是幼儿社会性发展的重要过程，是幼儿去自我中心的过程。因此，基于对幼儿发展的尊重，课题组为幼儿创设了不同的活动形式，给予幼儿适宜的创作环境。

1. 小班环境——想画就画

小班环境的创设要点是提供大块面的涂鸦墙，给予幼儿大胆涂鸦绘画的空间，可以自由自在地进行创作。

大块面涂鸦区域

自由涂鸦，想画就画

2. 中班环境——心情日记

中班环境的创设要点是将大块面的涂鸦墙转换为人手一本的心情日记本，给予幼儿与环境互动、自由取用的空间。

人手一本心情日记本

绘画日记，记录心情

3. 大班环境——传说邮局

大班环境的创设要点是提供幼儿每人一个专属信箱。——对应地取用写信材料更具隐秘性，尊重幼儿的发展特点，给予他们一定的私密空间。

幼儿专属信箱

相互分享，传递秘密

（二）实施途径

童"情"系列活动渗透在自由活动中。自由活动是完全按照幼儿本人意愿进行的一日活动环节之一，幼儿可以毫无压力、轻松地进行交往和表达。在自由活动中，幼儿喜欢和同伴谈论自己感兴趣的话题，会主动运用简单技巧加入同伴的互动，此时幼儿流露的情绪和情感也是最真实、最具童真的。因此，课题组认为自由活动是童"情"系列活动实施的主要途径，也是幼儿实现自我情绪情感体验和认知的重要途径。

（三）实施要点

1. 环境材料

在一日各类自由活动中鼓励与支持幼儿利用涂鸦墙、心情日记本、专属信箱进行自由自主地表达，回忆、记录、讲述周围事件和心情故事等。

2. 倾听记录

（1）为幼儿创设宽松的心理氛围，避免对幼儿表达过程有不必要的干预或提示。教师应关注幼儿绘画和语言的表达过程、语言的记录、作品的保留、经验的分享等。

（2）应该理解和尊重幼儿的不同表达方式，欣赏幼儿表达的内容，关注幼儿绘画和语言的表达过程，在轻松自然的状态下通过一对一倾听、真实记录每一个幼儿的表达表现。

（3）鼓励幼儿结合绘画作品向同伴介绍，组织相应的分享交流活动，引导幼儿了解绘画材料，以多种方式鼓励幼儿和材料、环境互动。

3. 作品保留

可以和幼儿的成长档案相结合，持续记录幼儿的语言表达、保留其作品、分享其经验，让幼儿通过活动获得情感的满足，保持兴趣。

表13 小班想画就画实施案例

实施步骤或活动形式　　　　　　　　　　　实施要点

环境创设：

　　涂鸦墙　　　　　　　　　专用工具、辅助工具　　　　环境材料

互动交流：

　个别互动　　　　集体分享　　　　小组交流　　　　倾听记录

作品呈现：

作品以及一对一倾听呈现　　　　　　　　　　作品保留

表14 中班心情日记实施案例

实施步骤或活动形式	实施要点

环境创设：

拿取便利的心情日记本、
笔和心情贴纸

充满童趣的来园心情
签到板

环境材料

互动交流：

一对一倾听记录幼儿心情故事，
并通过家园互动分享幼儿故事

倾听记录

作品呈现：

作品以及一对一倾听呈现

作品保留

表 15　大班传说邮局实施案例

实施步骤或活动形式	实施要点

环境创设：

整体环境

信箱

环境材料

互动交流：

个别互动

同伴交流

倾听记录

作品呈现：

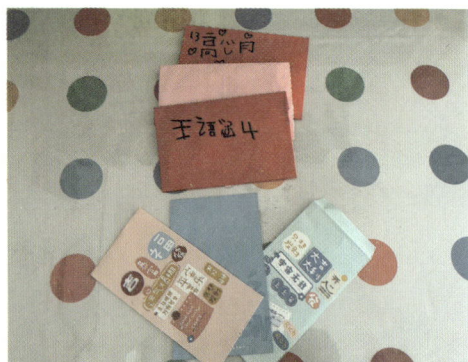

幼儿信件作品

作品保留

二、童"知"系列

（一）环境创设：从感知到互动

从感知到互动是指童"知"系列活动从教师创设环境让幼儿体验感知，到幼儿与教师一同创设环境探索感知，到最后幼儿独立思考创设环境互动感知。从初始的以教师预设为主、幼儿体验的活动形式逐渐转换为后期以幼儿创设为主、生生互动的活动形式。环境创设对幼儿的影响从感知体验逐渐转换为互动体验。

小班幼儿的学习以直观感受为主，而中、大班则能逐渐开始自我探索与发现，尤其是大班幼儿。《指南》中指出：大班幼儿应具备初步的探究能力，能够尝试用数字、图画、图表或其他的符号进行记录。

1. 小班

环境创设以直观感受为主。幼儿通过看、听、摸、闻等与环境积极互动、体验学习。可看、可玩、可感知的环境帮助幼儿直观感受、经历以及发现。通过布置可互动的游戏性环境，让幼儿在操作中感知与体验。

2. 中班

环境融入了幼儿参与探索的内容，不仅有让幼儿感知的内容，也有他们自己探索的痕迹。

环境结合了幼儿、园所、家庭三方的探索内容，共同创设环境。

3. 大班

环境加入了互动板块，通过"探索日志"问题板块的设计，让幼儿可以与环境积极互动，自发探索。

通过幼儿自主提问、同伴互助回答的互动形式让幼儿与环境积极互动，促进其自主学习。

（二）实施途径

1. 主题"画—话"

渗透于各年龄段的主题活动中，以集体教学活动的形式开展。教师有目的、有计划地寻找主题背景下的活动资源和素材，将主题活动中幼儿自发生成的、具有发展价值的兴趣点与预设活动有机结合，设计集体教学活动方案，并运用有效的教学策略帮助幼儿通过绘画和语言的交互影响来表达幼儿的内心世界。因此，主题"画—

话"活动虽以高结构活动方式实施，但旨在鼓励支持幼儿自发、自由、自主的表达与表现，并主动学习与尝试。

2. 探索日志

渗透于个别化学习、游戏等低结构活动中，根据幼儿需求、兴趣、发展提供不同的内容和多元材料，支持幼儿探究、试错、重复进行多维探索和创造表现。结合幼儿的热点话题设定主题，允许幼儿以各种方式记录经历及发现。创设问题版面，为幼儿开辟分享交流的环境，激发幼儿发现问题、提出假设、制订计划、记录发现和验证结果的意识，体现幼儿自主探索、自由表达童真的美好愿景。

（三）实施要点

1. 主题"画—话"

（1）童"话"再现：结合幼儿感兴趣的话题，激发幼儿自由表达的兴趣和意愿。教师可以运用固定句式进行提问和回应总结，营造丰富的语境氛围，引发幼儿运用已有的语言经验积极地表达。

（2）童画童心：结合幼儿的表达需求，提供相匹配的绘画材料和工具，鼓励幼儿将自己的想法通过绘画、符号表征等方式进行表达。支持并帮助幼儿将内心的情感、认知、想象通过画面的方式记录呈现出来。

（3）互话童画：创设个别的、小组的、集体的幼儿间交流分享的机会和条件，将幼儿绘画表达的作品集中在版面呈现。鼓励幼儿通过语言和画面相结合的方式向同伴介绍自己的表达内容。同时，引导幼儿通过同伴间信息的交流互动和共享，在多次讲述、多向倾听的过程中，拓宽思路并丰富自己的表达内容。

（4）童画新语：根据幼儿语言的表达兴趣，结合主题"画—话"活动中幼儿语言内容的不断丰满，鼓励幼儿将丰富的表达用画面记录下来。提供幼儿绘画表达的材料和工具，支持幼儿完整流畅地表达。

表16　主题 "画—话" 活动实施案例 "我的连衣裙"

环境材料与实施过程	实施要点

环境材料：出示绘本《我的连衣裙》和相关图片。

活动组织：

教师用故事中的固定句式与幼儿共同回忆故事中的句式：

"小兔来到花园里，变出一条花朵裙，真好看！"

教师：小兔来到天空上，变出一条什么裙，真好看！

幼儿1：变出一条小鸟裙！

教师：小兔来到天空上，变出一条小鸟裙！真好看！

幼儿2：小兔来到天空上，变出一条彩虹裙，真好看！

幼儿3：小兔来到天空上，变出一条云朵裙，真好看！

童 "话" 再现：

结合幼儿感兴趣的绘本故事，运用固定句式的提问，引导幼儿运用固定句式来表达对小兔的连衣裙的想象。

环境材料：提供贴有幼儿头像的空白连衣裙画纸。

活动组织：

教师：你想让小兔到哪里去，变出一条什么裙？

幼儿将想到的连衣裙画出来。

童画童心：

提供相匹配的空白连衣裙画纸，鼓励幼儿将自己的想法通过添画的方式进行表达。支持并帮助幼儿将对小兔连衣裙的想象通过有背景画面的添画方式记录呈现出来。

（续表）

环境材料与实施过程	实施要点
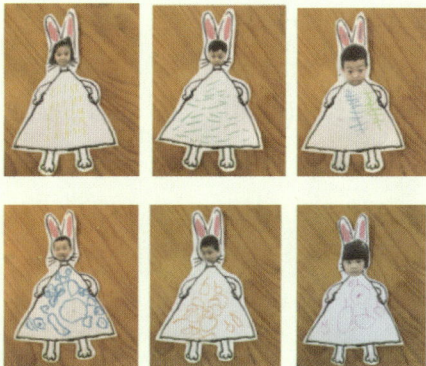 环境材料：幼儿画作展板。 活动组织： 幼儿和同伴交流自己的小兔到了哪里，变出了怎样的连衣裙。	**互话童画：** 将幼儿的作品在展板上集中呈现。鼓励幼儿通过语言和画面相结合的方式向同伴介绍自己想表达的内容。介绍的过程中在多次讲述、多向倾听下，拓宽思路并丰富自己的表达内容。
 环境材料：提供空白画纸和绘画工具。 活动组织： 幼儿将自己的小兔连衣裙贴在空白纸上将自己的想象添画出来。	**童画新语：** 根据幼儿语言的表达兴趣，结合主题"画—话"活动中幼儿语言内容的不断丰满，鼓励幼儿将丰富的表达用画面记录下来。提供幼儿绘画表达的材料和工具，支持幼儿完整流畅地表达。

2. 探索日志

（1）主题生成：教师结合近期幼儿探索热点、经历及发现，采用小组或集体的形式组织幼儿讨论感兴趣的话题，鼓励幼儿表达自己的观点，提出问题，提供双向的互动版面或记录本。

（2）信息收集：幼儿能通过简单的调查收集信息或在成人的帮助下制订简单的调查计划并执行。教师应鼓励幼儿通过绘画、讲述等方式对自己经历过的事情进行表达表征。

（3）分组探究：教师应发现和支持幼儿连续、真实、多元地记录与学习，采用多种方式激发幼儿的主动学习。幼儿在探索中分析问题、解决问题，并在探究中能与他人合作与交流。

（4）经验分享及活动延伸：教师应关注幼儿学习与发展的整体性和连续性，拓展提升幼儿日常生活和游戏中的经验。

表 17 探索日志活动实施案例"秋叶"

环境材料与实施过程	实施要点
 环境材料：结合互动版面提出秋叶相关问题。 活动组织：幼儿在互动版面提出问题，其他同伴进行回答。 提问：秋叶有哪些颜色呢？ 雯雯：红红的枫叶。 君君：我看到过还是绿绿的秋叶。 晓晓：掉在地上的都是黄黄的落叶。	主题生成： 结合近期幼儿探索热点秋叶，集体讨论分享自己发现的树叶，以双向的互动版面提出秋叶相关问题。
 环境材料：提供与秋叶相关的绘本。 活动组织：开展在园内外寻找秋叶的活动。	信息收集： 阅读秋叶相关绘本、开展园内外寻找秋叶的活动，鼓励幼儿观察树叶特点，通过绘画、讲述等方式进行表达表征。

（续表）

环境材料与实施过程	实施要点
 环境材料：在班级各个角落创设秋叶相关内容及材料。 活动组织：记录发现、艺术创想、合作交流与秋叶相关的内容。	分组探究： 支持幼儿连续、真实、多元记录与秋叶相关的内容。在探究中与他人合作、交流与秋叶相关的经验。
 环境材料：主题版面、秋日一角。 活动组织：分享交流，用绘画和手工等多种方式拓展对秋叶的发现和经验。	经验分享： 将科学、艺术等各领域有机整合，拓展幼儿对于秋叶的发现和经验。
 环境材料：多媒体课件。 活动组织：集体活动"秋叶"。	活动延伸： 通过集体活动，丰富对秋叶的经验，提出新问题，支持后续探索，进一步拓展幼儿生活和游戏中的经验。

三、童"想"系列

（一）环境创设：从欣赏到创作

从欣赏到创作是指从将绘本故事融入环境设计，到幼儿创作不同形式的艺术作品进行环境布置。从初始引导幼儿欣赏感知艺术之美的活动形式，逐渐过渡到后期激发幼儿表现表达艺术之美的活动形式。环境创设从以欣赏感知为主逐渐过渡到以创作表达为主。

《指南》中指出：幼儿要学会感受与欣赏，才能更好地表现与表达，教师应该为幼儿创设能够接触多种不同艺术形式和作品的环境。小班幼儿喜欢欣赏美丽的事物，并尝试进行创作，而中、大班幼儿则能够在欣赏感知的基础上进行大胆的想象创作。教师应为幼儿创设丰富且平等的环境氛围，给予幼儿充分感受和欣赏的机会，引导他们大胆表达自己的所见所想。在进行环境布置时，也应该尽可能选择每个幼儿的不同作品进行创设，满足幼儿更好地表现表达和同伴间欣赏的需要。

表 18 童"想"系列活动的环境创设

内容	活动	创设要点	创设环境
我是小说家	故事大王、原创绘本展	根据故事或绘本，幼儿与家长共同创作立体化作品，在走廊中展示，供幼儿自由欣赏、互相倾听。	
我是设计师	百变创意设计	根据幼儿年龄特点，基于幼儿兴趣，在墙面创设可互动的内容，支持幼儿自主与墙面进行互动，大胆进行艺术创作与表达。	

（续表）

内容	活动	创设要点	创设环境
我是设计师	童画展	在教室、走廊、室外等不同地点，选择多样的呈现方式布置画展，展示每个幼儿的作品，组织幼儿相互欣赏。	
	作品发布会	基于幼儿兴趣热点，结合活动，确定主题。自主选择自己喜欢的作品、场地，创设场景，邀请家长参与，开展活动。	

（二）实施途径

童"想"活动是定期开展的专题活动，围绕我是小说家、我是设计师的活动内容，每学年由课题中心组、活动中心组联合制订年度主题，发起全园性活动，活动包含亲子共创、集体共创、个性自创、梅宝发布会、童画展等多种活动形式，每次依据主题搭配组合，为幼儿创设绘画和语言双向感受、创造表达的机会，使幼儿乐表达、擅表达。

图 10　童"想"系列活动实施途径推进图

幼儿园秉持"人人参与、多维联通、环境融合、长程推进"的实施原则，引导所有幼儿全程参与，联通家园、社区等多种资源，为幼儿营造浸润式、开放式的环境和机会，并形成输入与输出的循环交替，让幼儿充分感受、理解后再进行创作。

1. 我是小说家

指幼儿园组织家长及幼儿亲子创编故事和绘本，并进行交流展演的专题活动，包括故事大王和原创绘本展。引导幼儿在充分感知周围人、事、物的基础上，在倾听、阅读故事的过程中萌发想象，乐意讲述或表演自创的故事。运用多种材料和初步的艺术表现方法创作故事绘本。

2. 我是设计师

指由幼儿园组织的，由中、大班幼儿自主协商发布会内容、自主分工发布会环境布置和物料准备，小班幼儿参与协助、欣赏感受的专题活动，每学年组织一次。活动旨在引导幼儿欣赏多种艺术形式和作品，乐意用不同的艺术表现和创作方式表现事物，制作艺术作品布置环境、装扮自己。主要形式有百变创意设计、童画展、作品发布会。

（三）实施要点

1. 我是小说家

（1）在家园互动平台发起故事大王、原创绘本展宣传活动，邀请家长利用亲子时光引导幼儿创编故事、制作绘本。

（2）以班级巡演、幼儿推选、全园会演的方式鼓励所有幼儿参与故事创编和表演，并搭建展示舞台。

（3）对幼儿创编的优质故事进行录制，并通过网络方式展示交流。在园进行绘本欣赏交流和评选活动，优质绘本以网络方式进行展示。

（4）评比活动应联合幼儿和家长共同参与，以促进童真表达为目的进行评比。

（5）收录优质故事及绘本创编作为幼儿园特色活动资源。

2. 我是设计师

（1）鼓励幼儿运用绘画、前书写、立体创作等多元方式进行自我表达。

（2）提供自由选择材料和活动形式的机会，构建适合幼儿开展创意活动的组织形式。

（3）鼓励幼儿对色彩、线条、造型等进行有意想象和自由表达。

（4）关注幼儿之间的互动，开放各种机会和平台促进幼儿相互交流和学习。

（5）喜欢表达自我理解并大胆表现，具有初步的艺术表现与创造能力。

（6）根据主题的内容喜欢欣赏多种多样的艺术形式和作品，感受多元文化。

（四）实施案例

故事大王活动方案示例

1. 活动宣传

通过学校公众号、班级信息群以及宣传海报，最大范围地吸引幼儿参与。活动的宣传以鼓励和期待的口吻来发出，例如"亲爱的爸爸妈妈们：你的宝贝在家是否喜欢缠着你讲故事？一个人的时候是否特别喜欢自言自语？是否喜欢拿着笔到处涂鸦，嘴里还念念有词？这是你的宝贝在天马行空地想象、在自我练习口语表达呢！语言是交流和思维的工具、幼儿期是语言发展，特别是口语发展的重要时期。幼儿园一直重视幼儿的自我表达，把'画—话'联结作为幼儿园的特色课程，本次故事大王比赛将为每一个宝贝创造大胆编故事、大声说故事的'大舞台'，期待孩子的参与！"

作为我园 "画—话" 联结特色活动之一，故事大王关注幼儿语言表达的主动性、丰富性、主题性和生动性，通过家园共育的方式鼓励幼儿看图创想，提供自信表现的机会和多元指导的支持，从而培养 "乐看乐思擅表达、自信乐群有创意" 的幼儿。

2. 活动推进

故事大王为全园性活动，鼓励人人参与，给予每个人表达表现的机会。活动推进过程中教师联动家长以表扬、肯定、发现、鼓励的方式支持幼儿，推动幼儿积极参与，做擅表达、有创意且更自信的故事大王。

活动以动员准备、班级巡演、园部展演、全园会演四步骤推进。

3. 组织开展

（1）动员准备：公众号上介绍往期活动，动员家长积极参与，同时公布故事创编的图片，家长指导幼儿准备故事。

（2）班级巡演：由班主任组织班级所有幼儿讲述自编的故事，并借助同伴评价、家长评价、教师评价三方评价的方式推选出一定数量的优质故事。

（3）园部展演：园部通过走班讲述、升旗仪式展演等多种形式，宣传和展示各班遴选出的优质故事，同时再推选出一定数量的幼儿参与全园会演。

（4）全园会演：园内搭建舞台，以表演方式展示并录制各部幼儿代表的故事，同时将录制故事讲述音频或视频，通过幼儿园微信公众号向所有家长和社会进行推送介绍。

4. 精彩提示

活动开展前，教师可以多方面进行指导，如通过集体阅读，提升幼儿观察图片、讲述故事的能力；通过班级展演，帮助幼儿提高自信、乐于表达；通过故事续编，鼓励幼儿大胆想象、创意表现。

（1）集体阅读：能细致观察图片，并根据图片进行合理的想象创编，内容积极富有童趣。

（2）班级展演：普通话标准、吐字清晰、表达流畅、声音响亮，自信大方，讲述有感情。

（3）故事续编：有创意和个性，能表现不同角色的声音，并有一定表情动作，可使用道具。

5. 活动资源

托、小班幼儿的讲述特点为看到什么就说什么，而中、大班幼儿的讲述特点为自由想象、大胆创编。因此，在选择素材上，幼儿园充分考虑了不同年龄段幼儿的特点，投放适宜的故事素材给幼儿。

从幼儿喜欢的《看图编故事》《父与子漫画》《儿童故事大全》《睡前故事》《安徒生故事》等书中选择素材，根据不同年龄段，分类投放。

原创绘本展活动方案示例

1. 活动宣传

通过学校公众号、班级信息群以及幼儿教育服务软件，发布倡议书，鼓励幼儿与家长基于自己的生活经历、奇思妙想，共同自制绘本故事并展示交流。

例如："这是一辆可以在水上、天上和地上开的超级汽车，我要和我的朋友一起坐着车子出门去兜风""有一天，龙宝宝和好朋友凤凰出去玩，结果看到了天上有一团乌云……"在幼儿园，不管是刚进园的小班宝宝，还是日渐成长的大班朋友，都拥有一块自由涂鸦的天地，或是一面涂鸦墙，或是一本心情日记本，或是一个专属信箱，他们在这里自由挥洒想象，如果俯下身子仔细倾听，能够发现很多有趣的故事和不可思议的点子。

原创绘本展关注幼儿绘画表达的主动性、主题性、丰富性和结构性。通过家园共育的方式支持幼儿关注生活和学习，运用绘画的方式大胆表现，结合语言合理表达，让幼儿在过程中体验表达和想象的自由与快乐。

2. 活动推进

原创绘本展为全园性活动，鼓励人人参与，给予每个孩子表达表现的机会。在活动推进过程中，家长与孩子一起寻找素材，巧妙构思并完成制作。在制作过程中，他们通过剪、贴、撕、叠、画等方式，制作了形式各异、颇具创意的绘本。

活动以巧手画绘本、乐趣讲绘本、自信展绘本、快乐享绘本四步骤组织开展。

（1）巧手画绘本——公众号上进行活动宣传，并公布活动规则和详细的活动安排动员家长与幼儿积极参与亲子绘本制作。

（2）乐趣讲绘本——幼儿绘本故事在班级中展示交流，并通过同伴评价、家长评价、教师评价三方评价的方式推选出一定数量的优质绘本。

（3）自信展绘本——园部通过公开展示、故事巡讲等多种形式，宣传和展示各班遴选出的优质绘本，同时再推选出一定数量的绘本参与全园会演。

（4）快乐享绘本——汇集各部推送的优质绘本，录制幼儿自述的绘本音频，拍摄绘本内容，借助微信公众号进行展示和投票。同时各部的绘本故事也将被精心复制多册，作为幼儿园绘本学习资源和表演游戏素材，提供给各个班级。

3. 精彩提示

活动开展前，家长们在充分尊重幼儿的表现方式、为幼儿提供多样材料支持他们多元表现的基础上，给予他们独立创作的机会。如：孩子自己动手制作图片拼贴、布艺粘贴，家长帮助附上文字解释；也可以孩子依据自己的生活经验和对事物的理解想象绘制画面，家长附上文字说明；或者家长精心绘制轮廓，孩子涂上各种颜色等，家长与孩子一起用灵巧的双手让内心世界跃然纸上。

（1）绘本制作：幼儿借助彩绘、泥工、剪纸等方式独立创编及绘制画面，家长用文字方式记录幼儿的故事并呈现在画面上，一起装订书本，为书本设计一个漂亮的封面。

（2）内容情节：关注主题的原创性、幼儿的参与性、情节的丰富性，尊重幼儿的表现方式和独立创作的机会。

（3）故事讲述：幼儿熟练讲述绘本故事，在班里展示绘本、讲述绘本故事，教师提供展示的机会。

往届优秀绘本展示

《问号大王的奇想世界》

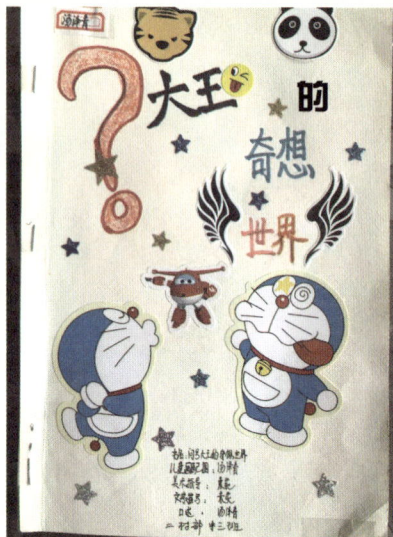

我叫小亮亮，我是家里的小不点，却有一个大大的脑袋，里面装满了各种奇妙的东西，有好多好多的为什么。妈妈说我是问号大王。

我最喜欢《海底小纵队》。巴克队长带领小伙伴们驾驶章鱼堡去拯救了好多海洋动物。从中我还学到了很多知识。

这回，我把妈妈给问倒了……

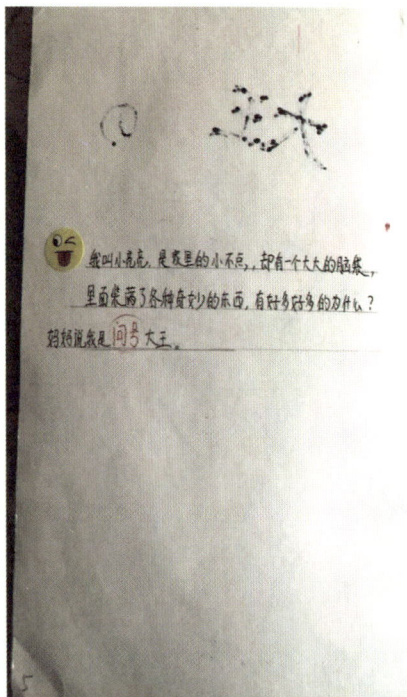

《我有一个太空梦》

火箭发射了。

火箭到达天王星。

火箭飞过土星，在火星着陆了。

火箭靠近月球啦。

遇到流星雨，火箭出动。

外星人带我去了两个神秘星球。

最后，我们回到了地球。

 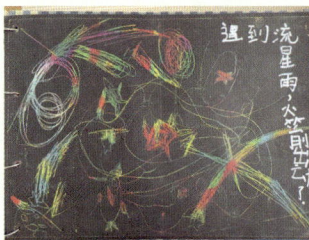 

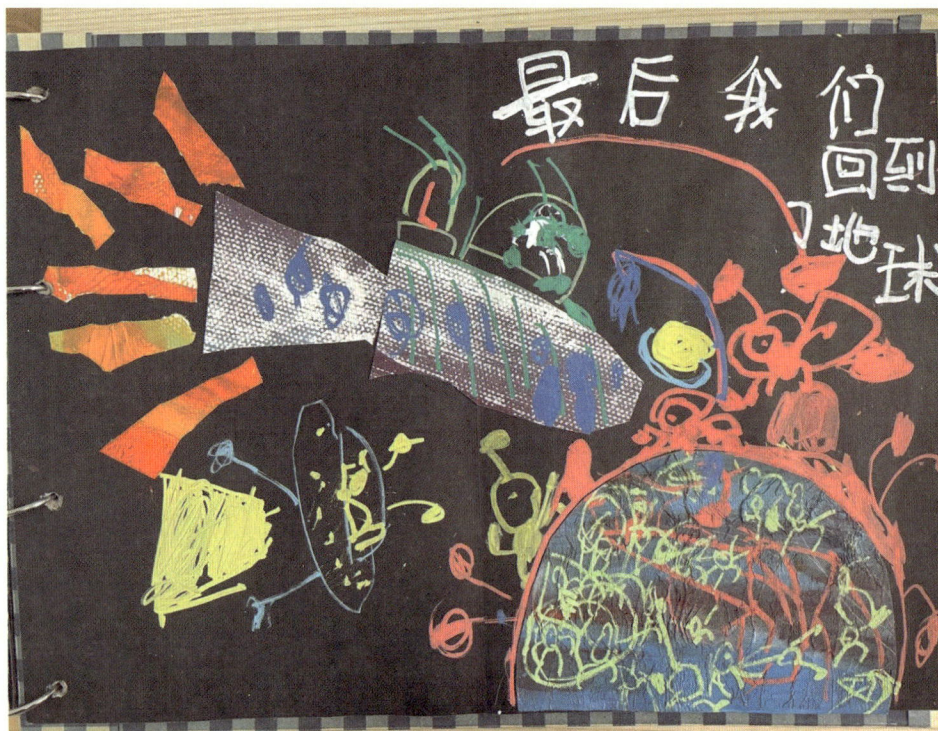

《汽车城市系列故事
——新来的邻居》

快乐的一天开始了，天气晴朗，鸟儿歌唱。在汽车城市里，搅拌车、翻斗车、小货车在工地忙碌着，出租车也忙着接送客人。

汽车城市里来了新邻居，新来的邻居一下子变成了城市的焦点。它有没有交到朋友呢？让我们一起去看看吧！

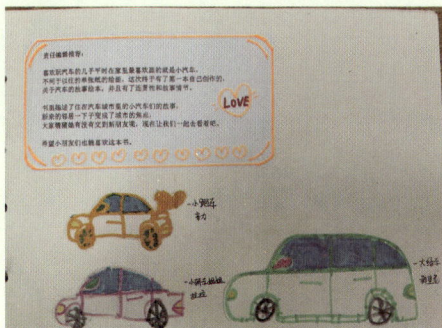

《超级热狗大赛》

这是茗茗为了热狗比赛精心制作的超级大热狗。

它看上去比房子都大。小朋友们都惊呆了。可是茗茗要怎么把这个巨无霸搬到比赛现场呢？

用热气球？

进行切割？

用变大变小相机？

1. 用热气球？
随风飘扬～
但是三个热气球不太妙
同时控制方向 ✗

进行切割？
OH NO! 可千万不能被破坏了。

3. 变大变小相机!!

咔嚓

把它先变小, 方便运输, 然后再把它变大, 恢复原样

经过长途跋涉, 巨无霸热狗来到了冰天雪地的北极, 多亏了变大变小相机, 这真是一次奇妙的旅行比赛。

我是设计师活动示例

1. 活动原则

（1）尊重每一个。珍视每个幼儿的表达，相信每个幼儿都是有思想的个体，看到其作品背后展示的感知、理解和想象。

（2）展示每一个。鼓励幼儿选择自己喜欢的作品进行展示，在有限的空间内阶段性呈现每个幼儿的作品。

（3）联动每一个。联通家、校、社区资源，为幼儿提供美化身边空间的机会，以多元形式组织家长参与。环境打造兼具个性和美感，给幼儿美的体验。

2. 活动目标

（1）能够大胆想象，并尝试运用不同的方法进行创作，美化身边的环境，并大胆表述自己的想法。

（2）喜欢欣赏多种多样的艺术形式和作品，感受多元文化。

3. 成果展示

（1）童画展

活动中，幼儿欣赏了解大师作品，自由穿梭参观画展，将自己的感悟进行绘画记录，交流分享自己的真实感受，激发后续创作的兴趣。再将幼儿作品在园所各个区域展示，组织幼儿相互观赏。

·百变创意设计

与家庭、社区等进行联动开展活动，如亲子共同绘画装饰校园环境、幼儿参与社区蘑菇亭绘画装饰，支持幼儿自主打造空间。

·作品发布会

在毕业之际，幼儿结合自己的心愿及毕业感想进行绘画创作。教师将幼儿作品进行展示发布，亲子共同欣赏幼儿作品。

第四节 联结支持策略

　　教师支持策略在"画—话"联结活动中具有重要的意义，有效的教师支持策略可以激发幼儿的绘画兴趣和语言表达的愿望，促进幼儿绘画表达和语言表达的发展。围绕"画"和"话"两个关键词，研究者结合教育实践经验，罗列出在"画—话"联结活动中教师的支持方式菜单。

表19　教师支持方式菜单

领域	对象	支持
话	幼儿	讨论、评价、交流、辩论、共创
	教师	肯定、鼓励、启发、追问、复述、补充、讲述、丰富
画	行为	平行绘画、感受欣赏、画面留白
	材料	作品、工具、场景、图片

　　除了对教师支持方式进行罗列，研究者还针对幼儿表达的不同状态梳理出教师对应的支持策略，包括画话互激、画话互补、画话互优。关键点分别是"激""补""优"，对应的含义是促发、完整、丰富。针对幼儿不同的表达状态，每个策略下又细分了三种使用场景。在这样具有针对性的教师支持策略中，幼儿的表达更主动、更丰富、更有创意了。

表20 "画—话"联结活动教师支持策略汇总表

具体策略	内涵	策略细分
画话互激	指激发幼儿绘画与口头语言表达的兴趣，实现幼儿主动表达、有意识表达并乐意表达。	·当幼儿不敢表达时——激"动" ·当幼儿无意识表达时——激"情" ·当幼儿无联结表达时——激"趣"
画话互补	指充分调动幼儿的生活经验和感受，用绘画或语言表达弥补语言或绘画表达的不足。	·当幼儿表达内容零散时——补全 ·当幼儿表达方式单一时——补充 ·当幼儿表达能力受限时——补给
画话互优	指教师不断利用"画"和"话"互相优化的支持策略，从而实现幼儿表达的清晰、生动、丰富。	·当幼儿表达不清晰时——优细节 ·当幼儿表达不生动时——优表现 ·当幼儿表达不丰富时——优情节

一、画话互激

画话互激是用于激发幼儿"画""话"表达主动性的支持策略，让幼儿从不主动表达转化为主动表达，从无意识表达转化为有意识表达，从愿意表达转化为乐意表达。画话互激主要包括激"动"、激"情"和激"趣"，结合以下三个案例进行阐述。

（一）当幼儿不敢表达时——激"动"

在日常开展"画—话"联结活动时，有部分幼儿存在不愿意画的情况。这一情况在小年龄段中更为明显，幼儿由于受到自身能力的限制、缺少一定生活经验，会出现对画画不自信、不知道画什么等情况。为了激发幼儿绘画的主动性，教师采用了激"动"的支持策略，利用鼓励、场景、平行绘画等方式给予支持。

激"动"策略案例分析——"有趣的涂鸦墙"（小班）

·现场实录一

自由活动时，孩子们来到涂鸦墙边，自主选择画笔开始了绘画……

艺艺也和其他小朋友一样，慢慢地走到涂鸦墙边，来到凯凯和雅雅身边看着他们画，他们正在一起画树叶。艺艺看了一会儿，又走到朴朴身边，看着他画，艺艺自己却一直没有拿起笔。

老师引导他："艺艺，这里有不同颜色笔，它们画出来会是什么样呢，你可以试一试哦！"

艺艺听了，看了看老师，拿起了一支画笔，犹豫了一会儿将笔放了回去，又转头继续看起了凯凯和雅雅绘画……

·童真表达分析

艺艺在班级里是一个相对比较内向的孩子，从他主动走到涂鸦墙边、观看同伴绘画的行为中可以看出他对涂鸦墙是好奇的，对绘画是感兴趣的。在老师的鼓励和引导下，艺艺拿起了笔，犹豫了一会儿又将笔放了回去，是不愿意表达吗？我觉得不一定，因为他放下笔后又转头去看其他小朋友画画了，或许他是有愿意表达的。

大部分小年龄的幼儿在面对涂鸦墙时会表现出极强的兴趣，他们由于手部精细动作发展较弱，绘画时以大肢体动作为主，大型的涂鸦墙为他们创设了宽松的心理氛围，能够激发他们的绘画兴趣。

从案例中可以看出艺艺对涂鸦墙是感兴趣的，然而从他的一些行为中可以初步判断他似乎还有些"不敢画"，那会是什么原因呢？是怕自己画得不好吗？还是不知道画什么呢？我们该如何在遵循幼儿意愿的同时，又能够激发幼儿绘画表达的兴趣呢？

·激"动"策略

艺艺在老师鼓励后依然犹豫不决。针对这一情况，我们更多的是要给予孩子适度的空间和等待。得到鼓励后的艺艺愿意拿起笔，说明"鼓励"是有效的，通过鼓励能够不断增强幼儿的自信心，所以在后续可以持续运用。

与此同时，艺艺不敢下笔，可能出于不会画的原因。因此老师可以通过平行绘画的方式，尝试画简单的线条，激起艺艺绘画的自信，帮助艺艺找到能够表达的内容，如封闭式的圆形对艺艺来说有挑战，那可以选择点点、卷线、短线条等能驾驭的图形。

·现场实录二

老师拿起画笔走到艺艺的身边，给了他一支画笔，然后老师自己就在墙上开始边画边说……

老师画出了点点的小雨点："下雨啦，下雨啦！滴滴答滴滴答……"

艺艺被老师的画面和语言吸引了过来，当雨越下越大时，艺艺的笔也跟着老师开始在墙上点，脸上露出了开心的笑容……不一会儿，艺艺的小点点就在涂鸦墙上留下了画面。随后老师又拿起画笔，画起了卷线。

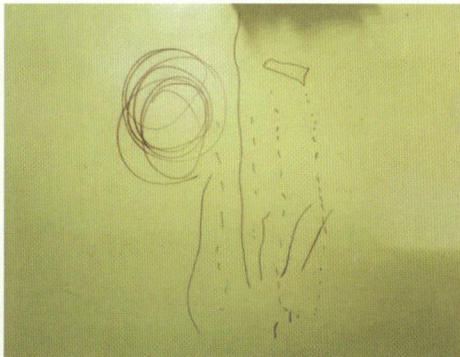

老师又说："风来啦，风来啦！呼呼呼呼呼呼。艺艺，我们也来吹一吹好吗？"

艺艺也跟着老师一起"呼呼呼"地画起了卷线，其他小朋友看到了也在旁边画起了卷线。

老师接着说："一条条竖竖的线条，小草长高啦！"

艺艺和老师不一会儿就完成了一幅春雨下的风景画。

老师对着艺艺竖起大拇指："艺艺，你真棒！"

艺艺拿着画笔开心地笑了。

·童真表达分析：

艺艺在墙上画点点时，脸上露出了开心的笑容，同时他不断地跟着老师的引导在墙上添画不同的线条，从他的表现中能够看出他非常享受，投入到了绘画中。同时，他还会模仿老师的话语，如风"呼呼"的声音。看到艺艺在与老师一起绘画，其他孩子也加入了其中，这时艺艺并没有表现出不自信，因为同伴和他画的是同样的内容。对艺艺来说，与大家一起绘画变成了一件开心的事，他不再感到胆怯。

过度的关注会给幼儿压力，而在过程中教师采用的是平行绘画的方式，这种方式给予艺艺轻松的创作空间，老师与艺艺成为同伴，艺艺可以自主选择是否与老师一起绘画。同时，教师选择的绘画内容也是符合艺艺的能力水平的，艺艺能够尝试模仿画，由此激发了艺艺表达的意愿。

那么到下一次如果没有老师平行游戏时，艺艺是否还能够大胆自信地主动绘画呢，让他从想画真正转变为愿意画、乐意画呢？

·激"动"策略：

艺艺在鼓励及平行绘画的方式下逐步开始愿意尝试绘画，对绘画有了一定的自信，我们要基于他的这一表现，及时给予他支持，助推孩子的表达。

从艺艺不敢画的行为分析可能是因为他不会画导致的，由此我们可以提供一些情境的模板，如云朵、汽车、花朵、线条等，幼儿可以在绘画时有选择地使用。

·现场实录三

自由活动时间，孩子们来到了涂鸦墙前开始绘画，艺艺也跟着同伴们一起来到了涂鸦墙前。他拿起了一支笔，看了看墙上的模板图案，选择了一个花朵的模板。他把模板吸在墙上，然后拿着笔沿着花朵的轮廓画了一圈，描画完后，他将模板放到一旁，开始在花朵里面添画了一些短短的线条。

然后他向身旁的雅雅介绍了起来："你看我画的。""哇！是花吗？""是呀！很漂亮吧。""这些一条一条的是什么呀？""这是毛毛虫，它们在睡觉。"

接着，艺艺在花朵旁边画了一些类似三角形、长方形的图案，又在图形中间画了一条线，边画还边说了起来："还有好多的叶子，我还要再画一点小石头，再给小花浇点水吧！"然后在花朵上方用笔点了起来⋯⋯

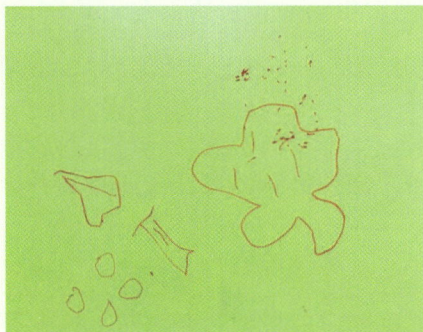

·童真表达分析：

艺艺从一个站在涂鸦墙边不敢绘画、只敢看着同伴画的孩子，逐步转化为一个愿意自己在涂鸦墙上进行绘画创作的孩子，他经历了从不敢表达到敢表达的过程。其实孩子都有自己的表达欲望的，但是受限于种种原因，导致他最初不敢画，通过运用激"动"策略，如鼓励、平行绘画、场景等支持，我们惊喜地看到了孩子的变化，艺艺的自信增加了，不再犹豫迟迟不下笔，他绘画的意愿更强烈了，愿意主动参与绘画了。同时，他会主动与同伴分享自己的作品，表达的积极性提升了，我们感受到了孩子的大胆和自信，他真正能够充分表达童真的内在世界了。

（二）当幼儿无意识表达时——激"情"

幼儿在活动中有时会出现无意识表达，这类幼儿喜欢绘画，常表现为满足于绘画带来的快乐，而不清楚自己画的是什么。产生这种表现的原因是幼儿年龄较小，虽然在生理上手部肌肉有所发展，能够开始绘画，但在心理上，他们还不能将自己的动作与外界事物相联系，表现为满足肢体和情感的宣泄而进行无意识地绘画。为了激发幼儿有意识表达，教师可采用激"情"策略，通过工具、语言等支持，引导幼儿从无意识表达逐步转化为有意识表达。

激"情"策略案例分析——"咕噜咕噜变"（中班）

·现场实录一

在个别化学习活动中时，孩子们用圆形海绵棒在纸上拓印。若若和祁祁每人拿着一根海绵棒，蘸一蘸颜料，在纸上肆意地拓印圆圈，有的圆圈靠得近，有的分得开，他们不停地印着，边印还边哈哈大笑。祁祁拿着海绵棒对若若说："真好玩呀！我们再多印一些！"说着，两个孩子又继续印了起来……

印完后，若若叫来了老师："老师，你看这是我们画的。""你们画的是什么呢？""好多好多的圆！"祁祁回答道。

老师追问道："圆圆的可能会是什么呢？"祁祁想了想，说："我不知道……"若若好像有自己的想法了："我觉得可能是泡泡"。

·童真表达分析

祁祁和若若在纸上拓印了许多圆形图案，说明他们对于拓印是非常感兴趣的。在绘画的过程中，他们边印边哈哈大笑，表现出愉悦的情绪。同时祁祁还和若若表达想要多印一些的想法，两个孩子持续了较长时间的拓印，说明他们非常享受绘画的过程。两个孩子知道自己拓印的是圆形图案，然而当老师询问他们绘画的具体内容时，若若表示圆圆的可能是泡泡，说明他通过老师的引导将无意识绘画转化为了有意识绘画，而祁祁却还是表示不知道自己所画的圆是什么，说明他没有将绘画的形状与外界事物相联系，而仅仅满足于拓印带来的快乐，是属于无意识的拓印。

孩子之间存在发展的个体差异，祁祁对绘画充满兴趣，但尚处于无意识绘画的阶段，我们该如何更好地支持他逐步转变为有意识绘画呢？

·激"情"策略

针对祁祁的这一情况，我们可以结合祁祁熟悉的内容来创设一定的主题内容，让他在情境中进行绘画，使绘画变得有"意义"。如利用集体教学活动的机会，结合幼儿拓印的圆展开想象，提供相关的工具，创设祁祁感兴趣的情境，以儿童化语言启发他进行有意识地表达，激起他在绘画时对绘画内容的关注，开展有一定情境的绘画。

·现场实录二

在集体教学活动"咕噜咕噜变"中，教师为孩子们提供了圆形海绵棒和颜料，在空白纸上贴满不同表情的五官，孩子们可以自主选择并在上面

进行拓印。

教师引导说："用神奇魔法棒，找一找，按一按，说出咒语'咕噜咕噜变'，就能变出咕噜咕噜。"

祁祁开始学着老师说："咕噜咕噜变，咕噜咕噜变……"边说着咒语，边寻找表情，用海绵棒在表情上进行拓印。

在集体教学活动后，祁祁和若若又来到了个别化学习活动中，他们用不同的颜色拓印着表情包，印完后祁祁叫来了老师："老师，你看，我找到好多咕噜咕噜，有好多表情。"说着，祁祁把他的画作拿起来给老师看。这时，纸上的颜料顺着纸流了下来。

老师问："你的咕噜咕噜变出了什么呢？"祁祁回答："咕噜咕噜变，是蓝色的脸。"老师指着流下来的颜料故作惊奇地说："瞧！这张蓝蓝的脸发生了什么？"祁祁也一惊："啊！它哭了，蓝色的眼泪都流下来了。"若若补充说："我看到过，蓝色是表示难过的颜色，你看它的嘴巴都朝下了，还哭了，肯定很难过。"祁祁指着流下来的颜料补充："真的耶，他好难过，都哭了。"老师给予他们鼓励和肯定："你们可真厉害，发现了原来颜色还会和表情有关系呀！"

·童真表达分析

祁祁在集体教学活动中，愿意跟着老师创设的情境，学念"咕噜咕噜变"，同时结合情境在纸上寻找不同的表情，并拓印圆形图案形成表情包，而不再是在纸上随意拓印了。在这个过程中，祁

祁表现出较强的兴趣，并且延续到了个别化学习活动中。他在拓印完成后主动叫来老师观察作品，分享自己找到的表情。在分享的过程中，出现颜料流下的情况，老师抓住这一契机，采用启发式的语言引导祁祁进行想象，祁祁结合表情画面表示可能是流下的眼泪，说明他不再处于无意识的绘画，他能够结合绘画作品丰富主题内容，赋予绘画意义，逐步进入有意识的绘画。

祁祁此次有意识的绘画是基于老师创设的情境，那么如果祁祁独自绘画时，他是否还会进行有意识地绘画，会想象不同的内容而进行绘画呢？

·激"情"策略

祁祁在老师创设的寻找表情的情境中，逐步产生了有意识绘画，为了进一步支持祁祁的有意识绘画，我们可以支持孩子将生活经验与绘画结合，鼓励孩子发现生活中圆圆的物品有哪些，同时提供一些实物供孩子观察，丰富孩子对于圆形物品的经验，引起孩子的兴趣并自主进行有意识地绘画。

·现场实录三

祁祁在自由活动时，玩起了圆圆的物品，他拿着毛绒球做的毛毛虫看了一会儿，又拿起一个气球玩了一会儿，接着又拿起了一根红红的糖葫芦，假装吃了几口，接着他开心地和朴朴聊了起来……

祁祁说："哈哈你看这个糖葫芦，红红的好好吃。"朴朴马上说："我也想吃。"祁祁很乐意分享："给你吃吧！"

个别化学习活动时间，祁祁和朴朴来到了拓印圆圆的区域中，祁祁拿了一张纸，随后拿起海绵棒思考了一会儿，然后用海绵棒蘸取了红色的颜料，他从上往下印了几个靠在一起的圆。随后他又拿起了记号笔，从上往下画了一条直线，画完后他兴奋地对朴朴说："你看！我画了一根糖葫芦！""这和我们刚刚吃的糖葫芦好像呀！""是的呀，它是圆圆的红红的。我最喜欢吃糖葫芦了！"

·童真表达分析

祁祁是一个对绘画非常感兴趣的孩子，可以看出他常常会选择绘画相关的个别化学习活动内容来参加。最开始时，祁祁处于无意识绘画的状态，无法将绘画内容与事物相联系，仅仅满足于绘画带来的快乐。教师采用了激"情"策略，通过工具、启发、追问等形式对这一类孩子进行引导，使祁祁逐步产生了变化，从在特定的情境中，能够结合情境进行绘画并且延伸到了个别化活动中，到不再依赖教师创设的情境，他逐渐转变为自己设想内容并进行相应主题的绘画，进行有意识地绘画。

（三）当幼儿无联结表达时——激"趣"

在日常活动中，大班幼儿常会围在一起讨论自己感兴趣的内容，然而他们主要表现为语言的表达，较少进行"画"与"话"的联结。这时，教师可以采用激"趣"策略，通过工具提供、语言讨论、作品展示等方式，支持幼儿的表达，激发幼儿自主表达的兴趣，感受"画"与"话"联结的乐趣。

激"趣"策略案例分析——"班级日志"（大班）

·现场实录一

自由活动时，大班的孩子们三三两两地聚在一起聊天，他们谈论起了上午的户外游戏活动。

琦琦说："今天玩的密室逃脱游戏真是太好玩了，明天我们再玩一次好吗？"辰辰表示赞成："好呀，我最喜欢你摆的那个绕来绕去像鬼屋的装置，我觉得在里面玩很刺激……"宇宇也连声附和："我也是！不过今天媛媛没来，等她明天来了我们带她一起玩，告诉她怎么玩好不好？"琦琦："好呀好呀！她肯定会喜欢的。"

宇宇继续补充："好像上次我们玩打野鸭游戏的时候，媛媛也没来，我们也可以教她玩！"琦琦也没玩过这个游戏："这个游戏好玩吗？我也错过啦！你们快和我说说……"辰辰说："下次我们出去玩的时候教你吧，我觉得很好玩！"宇宇感叹道："幼儿园里好玩的事情太多了，要是我们都能记住就好了，等以后上了小学可别忘记了哦！"

孩子们你一言我一语，讨论着幼儿园里的美好回忆，时而共鸣，时而遗憾……

·童真表达分析

进入大班后，时常在幼儿的一日活动中看到他们自发地讨论着在园的各种有趣的经历，有时会因为一个共同的经历而津津乐道，有时也会因为一次错过的活动不断追问着同伴们各种细节。在以上片段中，可以看出琦琦、辰辰和宇宇对于幼儿园的活动展现出较高的兴趣，同时语言表达的意愿也非常强烈，他们会围在一起展开热烈的分享讨论。大班的孩子通常会有自己固定的伙伴，他们喜欢和同伴分享自己感兴趣的内容。当同伴媛媛没有来园的时候，孩子们表示要等媛媛来园后与她分享。同时，孩子们处于幼小衔接的阶段，对于幼儿园活动非常珍惜，宇宇提出了想要牢牢记住幼儿园活动的意愿。

在整个过程中，孩子们主要与同伴进行了语言的表达分享，针对孩子提出的想要记住幼儿园活动的意愿，我们该如何支持幼儿更乐意更丰富地表达？

· 激"趣"策略

针对孩子们的这一情况，我们认为可以尝试将"话"与"画"进行联结，通过联结能够帮助幼儿更充分地进行表达，幼儿可以通过绘画将自己所说所想记录下来，留下幼儿园生活的珍贵回忆，让表达更有意义。我们可以基于幼儿的兴趣与意愿提供班级日志——以月历形式进行呈现，支持幼儿将每天的班级大事用童真的方式进行记录，支持幼儿对一日集体生活回顾复盘后进行积极表达，为幼儿自主表达的强烈意愿提供途径，支持幼儿更乐意表达。

· 现场实录二

在班级日志活动开始后，孩子们纷纷表示想要记录。一天，孩子们就班级日志画什么内容产生了争论。

玲玲说："今天我和小朋友一起搭了积木，我们成功了，我觉得可以记在班级日志上。"琦琦说："我觉得应该画我们今天的辩论赛，我觉得太精彩了。"毛毛又有不同意见："我想画我们今天做操，因为我做了领操员。"老师见状，说："大家都有自己的想法，那请你们来说说理由吧！"

于是，老师组织孩子们进行了讨论。

毅毅说："我们一起搭积木，是很快乐的，我觉得快乐的事情可以记下来。"梓梓说："辩论赛也很快乐啊，而且辩论赛多精彩呀！"毛毛说："我觉得做操也可以记啊，大家都做得很认真。"瑜瑜说："积木平时都可以玩，做操也每天都做，辩论赛可不是每天都会有的，我觉得要记一些特别的事情。"

老师小结说：你们的理由都很充分，那你们觉得哪个理由最能说服你呢？每个小朋友可以投一票，选出你觉得今天最适合画在班级日志上的内容。老师组织孩子们结合讨论，展开了投票，最终"辩论赛"胜出。

于是，值日生阳阳拿起笔画起来，旁边还围了好几个孩子一起在看。

琦琦提醒阳阳："我们今天的辩论赛有两个队伍哦，有正方和反方，里面的东西你都要画进去哦！"瑜瑜补充了辩论的内容："是的，我们有做大人好和做小孩好，你要把它画下来哦！"

阳阳用红色和蓝色的笔分别表示不同的观点。

萱萱继续补充："还有我们辩论赛桌子是竖着摆的，你也要画上去哦！"卢卢说："我们队伍里有好几个小朋友呢，把大家都画下来吧！"瑜瑜感叹了一句："我也好想画呀！"琦琦也表示同感："我也是呢！"

·童真表达分析

班级日志提供后，每天幼儿对于所要画的内容都有不同的想法，但他们并未争吵，而是出现了沟通协商的行为，语言表达积极性较强。当幼儿意见不一致时，如针对班级日志画什么内容，孩子们能在集体中大胆自信地表达自己的想法，说明理由来支持自己的观点，如记录"快乐的事""认真的事""特别的事"等，同时他们愿意倾听同伴的建议，在讨论协商中逐步尝试寻找解决问题的方式，从而达成一致。在此过程中，孩子们在不断表达中也变得更加自信。

同时，他们的集体荣誉感也在悄然发展，孩子们对于班级日志非常珍视，他们珍惜每一次记录的机会，希望留下最美好的样子，在记录时不愿意漏掉每一个细节，乐意绘画表达，渴望能够对事件有丰富、完整的展现。常常出现一位小朋友在记录时，旁边围着许多小伙伴出谋划策的场景，展现出他们对于集体生活记录的热爱。幼儿的表达需求在不断提高，在使用班级日志进行集体事件回忆记录的同时，激发了幼儿更强的 "画" "话" 表达的意愿。

· 激 "趣" 策略

孩子们对于在班级日志上进行表达的兴趣很强烈，针对这一情况，教师首先可以进行作品的展示，支持幼儿自主地进行班级日志的阅读，通过同伴之间的互动增加幼儿与同伴进行交流表达的频次。针对幼儿纷纷想要表达的情况，我们可以对班级日志的形式进行调整，提供多人表达的机会，丰富班级日志的表达内容。

· 现场实录二

老师为幼儿创设了夹板式的班级日志，展示在墙面上供幼儿进行翻阅。开学的几天后，童童早上来到教室，立马走到班级日志前，看前几天记录的内容。

童童看着日志问一旁的淇淇："啊，你们第一天的时候玩龙了吗？" "不是玩龙，是我们来幼儿园的时候，有小朋友在舞龙，还有音乐呢，可热闹了！" "感觉好好玩啊，可是我那时候还没从老家回来，错过了！"

这时，前几天也没来园的博博进入了教室，淇淇迫不及待地和他分享起来："博博，你知道吗，第一天的时候，我们来幼儿园的时候看到舞龙啦！你没来，错过了！" "啊，真的吗！" 博博和童童一起看起了班级日志，"这一根根的是什么呀？" "这是桌子上的糖果，老师会发给我们。"

童童也忍不住加入进来："还有糖果呀！哎呀，下次我一定要早点来幼儿园！"

博博问："淇淇，你们第一天还干什么啦？"淇淇翻开了日志的下一页："我们还一起看了梅园小达人的表演，你看！""这是谁在表演呀？""是我们班的月月呀！你看，她和托班的妹妹一起在唱歌呢！还有好多好玩的事呢，大家都记下来了。"

几个孩子在班级日志前聊了许久……

·童真表达分析

大班幼儿喜欢与同伴一起进行交流分享，语言表达的兴趣较高，通过"画""话"的联结能够丰富孩子的表达，让孩子更自主地表达内心的童真世界。孩子们从最开始相互讨论在园活动，转变为对班级日志感兴趣，协商记录的内容、记录下的每一个活动的细节，再到多样化记录，并喜欢翻阅班级日志的内容，在与同伴的交流互动中，孩子们自主表达的意愿更强烈了，更乐意表达了，同时对集体生活的热爱逐步增加，不愿意错过在园的任何精彩活动，对于自己没有经历的活动表现出了强烈的兴趣，希望能够对错过的活动进行完整、详细的了解，逐步丰富了表达。

二、画话互补

画话互补是用于引导幼儿从碎片表达发展为完整表达的支持策略。旨在弥补幼儿缺失的表达内容，实现幼儿较全面、完整的表达。画话互补主要包括补全、补充、补给三种。

（一）当幼儿表达内容零散时——补全

幼儿年龄较小，记忆时间较为短暂，以即时记忆为主。同时，由于记忆的逻辑性不强，所以导致幼儿表述的内容欠缺完整性，多为片段式。这就需要教师通过追问、讨论、复述等方式，促进幼儿补全自己表达的内容。

补全策略案例分析——"露营"（小班）

·现场实录一

晨晨在涂鸦墙上画了一个小人，然后就停下来了。

过了一会儿，他又拿起笔开始围着之前画的小人画圈，一边画一边开心地说："屋顶，屋顶。"

之后，他开始不停地换笔。一会儿拿起红色的画笔，一会拿起黄色的画笔。

调换了几次后，他拿起黄色的笔开始画线条。画了几笔后，他跑到远处远远地观察自己的画，又走到近处端详。终于，他又开始继续画线条……

老师问："晨晨，你画的是什么？""这是一个人，"他转头注视画面，"他在帐篷里。"

·童真表达分析

从案例中可以发现，幼儿的绘画表达内容和幼儿的语言表达内容并不同步。虽然幼儿在绘画时经过思考，画面内容也较为丰富，但是其语言表达略显单一。"这是一个人""他在帐篷里"这样的语言是片段式的，只包含了人物、地点，但缺少对具体事件的描述。因此，以上表述内容不够完整。

同时，幼儿在进行绘画的初期，绘画内容是有明确目标的，主体人物是突出的。但到了后期，绘画的内容可能会演变成无意识的涂鸦和零散的表征内容。

·补全策略

当幼儿作品出现主题不明确、表述内容多以短句为主、表达不完整时，可以选择使用通过追问引导幼儿补全内容。在案例中，可以发现幼儿对画面的描述语言单一、局限于单个画面，且完全依赖画面。

因此，教师进行了追问，即根据幼儿目前的语言表达内容进行深入和进一步的提问引导。主要通过"是什么""为什么""怎么做"的追问，引导幼儿补全情节、内容、信息等，帮助幼儿树立主题意识，不断丰富语言和绘画内容。

案例中，教师根据画面相关内容进行追问，引发幼儿进行思考，并且逐步尝试用语言补全内容。同时，在讲述的过程中，幼儿也开始自发地尝试添画细节，补全作品。

·现场实录二

老师追问晨晨："这个人为什么在帐篷里？""他在帐篷里工作。""这个人在帐篷里工作，是怎样的工作呢？""外面有鱼，他在钓鱼。""哦，我看到你画了鱼池，那他会用什么工具来钓鱼呢？""他在用鱼竿钓鱼，"晨晨一边说一边画上了鱼钩，"鱼池里还有很多鱼呢，有……嗯……有……"

·童真表达分析

通过教师的追问，幼儿的绘画主题逐渐明确，语言表达越来越完整，其语言表达与绘画表征的联结也更紧密，并产生了进一步丰富画面的意愿。但是幼儿生活经验不足，其想象力不够丰富，需要一定的引导来激发他们的想象力与创造力。

·补全策略

介于小年龄段幼儿的美术作品通常喜欢以简单的线条、形状以及色彩为主创作表达，教师可以通过与幼儿一同讨论，激发他们补全画面的意愿，提升他们的想象力与创造力。

当幼儿所画的形象缺乏细节表现时，相关讨论不仅能引起幼儿对细节的回忆和关注，更能让他们产生绘画补全的意愿。教师可以从外观特征、种类属性等维度切入发起讨论。通过"有哪些""什么样"的讨论，引导幼儿补全细节。

案例中，教师与幼儿一同讨论了不同形状的鱼，鼓励幼儿用多种形状来进行绘画表征。

· 现场实录三

老师继续问："你见过什么样的鱼呢？""大大的，小小的，还有瘦瘦的和胖胖的。"幼儿一边说一边比画。"鱼池里面会有哪些形状的鱼呢？""有长条的，有圆的，还有三角形的。"幼儿在自己的画上添画小鱼。"住在帐篷里的人，用鱼竿钓了鱼，之后又怎么样了呢？"

幼儿边指边说："帐篷里的人用鱼竿钓鱼，钓了很多鱼。"

· 童真表达分析

幼儿的绘画内容逐渐丰富，画面也更完整。但是其语言表达依旧单一，只是简单的短句，并不能完整地描述整个画面内容。

小年龄段幼儿的逻辑性不强，在表达时只能讲述单一事件，很少能够连续地讲述几件事件。

·补全策略

小年龄段幼儿语言表达的一个特点是喜欢重复别人说过的语言，并通过模仿逐步完善表达，将内容讲完整、讲清晰。

此时，幼儿的画面已趋于完整，但是语言表达依旧是片段式的。教师可针对幼儿表达内容，指明未谈及的形象或符号并追问，让幼儿不断尝试叠加复述，把画中所有内容说全。

此案例初期，幼儿的语言表达是不完整的、片段式的。通过教师的逐步引导，其在重复教师语言的过程中，讲述越发完整、连贯、清晰。词汇逐步增加，语句也逐步变长，开始完整清晰地进行语言表达，补全话语。

·现场实录四

老师尝试讲完整的句子，引导幼儿复述："住在帐篷里的人，用鱼竿钓了鱼，他钓了很多，有哪些鱼呢？"幼儿边指边说："帐篷里的人用鱼竿钓鱼，钓了很多鱼，有圆的，有三角形的。"

老师继续复述："住在帐篷里的人，用鱼竿钓了鱼，他钓了很多圆形和三角的鱼，之后又怎么了呢？"幼儿边指边说："帐篷里的人用鱼竿钓鱼，钓了很多圆形和三角的鱼。这是鱼骨头，他钓好鱼吃掉了。"

（二）当幼儿表达方式单一时——补充

由于词语匮乏以及各种句式运用水平的差异，幼儿在表达过程中喜欢用单一的句式和词语，需要教师通过固定句式来引导，如用有规律的排比句来加强语势，用有趣的儿歌来丰富其经验，或用有趣生动的游戏情境、故事情境来促进其表达，从而实现单一内容到多样内容的转变。

补充策略案例分析——"魔法水果店"（中班）

· 现场实录一

个别化活动时，轩轩和妮妮指着白板在交谈。

轩轩说："苹果，大苹果。"妮妮说："好吃的香蕉，我喜欢的。"莉莉说："橘子，我看到了橘子。"

· 童真表达分析

案例中，幼儿大部分用的是短句，如："苹果，大苹果。"讲述的内容没有固定的句式，单一且不够完整。对于画面中藏着的不同水果，每次只能讲出一个，无法连贯地讲出所有水果。

· 补充策略

朗朗上口的儿歌不仅便于幼儿理解和应用，也便于其表达。

因此，教师运用启发的方式，预设固定句式，并引导幼儿尝试替换其中的一些词句。有节律、朗朗上口的固定句式不仅便于幼儿表达和记忆，还有利于其运用，幼儿在倾听感受中既积累了同类词语，又有了补充句式的兴趣。

借助儿歌的形式将不同的水果穿插在其中，并引导幼儿将自己熟悉的水果代入儿歌中，一边进行绘画创作，一边在边说边画中补充绘画内容。

· 现场实录二

老师意识到上述案例中幼儿语言表达的不足，引导说："有很多的水果宝宝躲着呢。我们一起来说'买水果，买水果'，把它们叫出来吧。买水果，买水果，苹果红红、香蕉黄黄，苹果香蕉我最爱。还有哪些好吃的水果呀？"

莉莉边说边指："西瓜鸭梨。"

老师将这两种水果代入句式中："买水果，买水果，西瓜红红、鸭梨黄黄，西瓜鸭梨我最爱。"妮妮接着指着图片说："还有红色的草莓和黄色的橙子。"老师又说："买水果，买水果，草莓红红、橙子黄黄，草莓橙子我最爱。"

莉莉跟着边说边拍手："买水果，买水果，桃子红红、橘子黄黄，桃子橘子我最爱。"

妮妮问："怎么只有红的黄的呀，还有别的吗？"莉莉思索了起来："嗯……"

· 童真表达分析

幼儿的语言表达逐渐丰富，其能够运用的句式也逐渐增多。通过固定句式，如活动中的排比句或有趣的儿歌，可以逐渐引导幼儿补充语言内容。

幼儿有了进一步表达的意愿，提出疑问："怎么只有红的黄的呀，还有别的吗？"但是其相关经验的缺乏导致其无法继续丰富内容。虽然增加了水果品种，但是颜色依旧单一。

· 补充策略

有趣的情境创设可以激发幼儿参与的积极性，其表达内容也更丰富。教师可以在活动之中通过创设游戏和故事等情境，逐渐引导幼儿补充表达内容。

当幼儿语言表述内容重复或单一时，教师可以通过游戏或情境再现等多种方式，激发幼儿创作新画面、唤醒幼儿经验、延展幼儿思维。在创意呈现新绘画的基础上，根据画面继续补充句式内容。

案例中，教师借助游戏情境，在"寻找水果宝宝"的游戏中，幼儿发现了新的画面，有了新的想法，补充了语言绘画内容。

· 现场实录三

老师提出建议："我们一起来玩'寻找水果宝宝'游戏吧，每次选择不同颜色找水果宝宝。"

莉莉在白板上喷了蓝色的颜料，出现了一个蓝色的图案，她问："出来一个蓝色的水果宝宝，会是谁呢？"妮妮看了一会儿，指着说："像蓝莓。"

莉莉使用之前的句式念了起来："买水果买水果，桃子红红、橘子黄黄、蓝莓蓝蓝，桃子橘子蓝莓我最爱。"

借助儿歌，幼儿开始不断画出不一样的水果、不一样的颜色，并说出不一样的内容。

（三）当幼儿表达能力受限时——补给

由于幼儿生活环境的局限、词汇量的不足、表达经验的欠缺，导致其在讲述抽象事物时表达不够清晰，内容不够丰富完整，需要教师通过提供图片或实物等，通过导入情境（如游戏情境、故事情境、生活情境等），促进幼儿补给自己的画面内容和语言表达，完整清晰地进行表述和创作。

补给策略案例分析——"高架桥"（大班）

· 现场实录一

成成准备绘制一张高架桥的图纸，对身边的小宁说："我要完成一个一层层叠起来的建筑，就是高架桥。可是怎么立起来呢？"小宁回答："我知道一个好方法，可以立起来。""是什么好办法呢？""就是叠起来的，一层一层的。""没听懂，到底是什么样子的呢？""就是像是叠着的那种，但是有柱子的。""我还是不清楚啊。""就是有屋顶的，然后叠起来的，有柱子的那种。""不清楚啊。"

· 童真表达分析

案例中，幼儿努力想要表述清楚自己的想法。但是由于词汇匮乏，且要表述的内容较为抽象难懂，不易描述清楚，导致其表达无法让同伴理解。在表述中，反复强调"叠起来""有柱子"这两个特点，但是却无法表达清楚如何叠、柱子在哪里等关键信息。

· 补给策略

幼儿的学习主要以直观感知、亲身体验为主，当其对表述对象或内容难以描述清楚时，可以借助一些图片辅助其进行表述。通过观察后再讲述，将抽象的内容表述清晰。

图片或简笔画能够将幼儿语言表述不清的想法、内容可视化。幼儿看图描述时表达能够更为流畅完整，同时也给予幼儿绘画表达的灵感和参照。

案例中，可以发现初期幼儿在描述抽象内容时因为经验缺乏而无法准确表达自己的意图，让同伴理解。可以将抽象的口头表达具象化，通过提供一些图片、照片等，让幼儿边看边说。

· 现场实录二

老师拿出手机，找了一张亭子的照片给幼儿看。小宁连忙说："你看呀，就是这样子，先是两根柱子，然后柱子上面放横的。柱子一定要粗，而且要隔开距离。"他还边说边用简笔画画了下来。

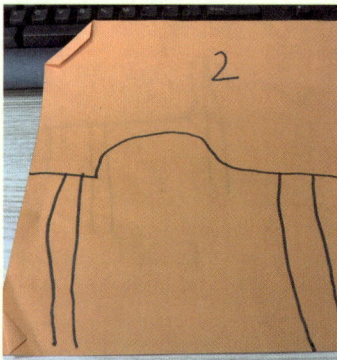

成成好像明白了："我知道了，像桥一样的。"成成一边说，一边也画下了自己的设计。

小宁问："你们有哪些可以让物体立起来的好办法呢？"一旁的萱萱回

答："嗯，就是一层层叠起来，然后嗯，就是加一个这个，然后嗯……"

·童真表达分析

借助实物、图片的提供，幼儿可以边观察边表述，并将抽象信息转化为具象信息，同时迁移到游戏活动之中。

案例中，在讲述自己的游戏过程时，因为动态建构方法较为抽象，且幼儿关注于讲述游戏过程，导致讲述较为模糊。在缺乏具体的材料以及图像时，不利于同伴理解。

·补给策略

同伴作品可以帮助幼儿更好地描述其游戏内容，并通过观察，比较、回顾自身的游戏过程，让其表述更清晰。

因此，作为补给策略的评价应引导幼儿观察评价同伴的画作并提供互助学习的机会。同伴画作蕴含着童真表达的内容和价值，观察同伴画作能够补给自身绘画表达的方式，同时也能在倾听交谈中补给语言表达的技巧。

案例中借助幼儿间的互动，引发他们讨论和分享。通过评价参考同伴的画，幼儿补给自己的语言表达，让自己的语言表达更清晰完整。

现场实录三

玲玲建议道："我之前搭建房子是这么立起来的。你看看和我们的一样吗？"她向同伴提供了自己的游戏计划书。萱萱看后说："对的对的！就是这样的方法，旁边用两块积木竖起来，然后再加一块横的，这样就立起来了。"

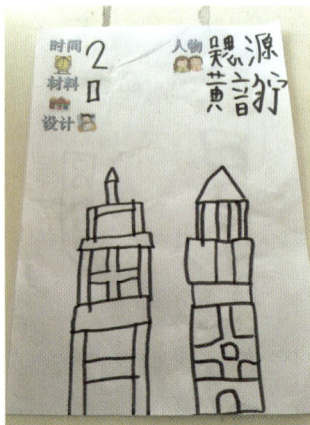

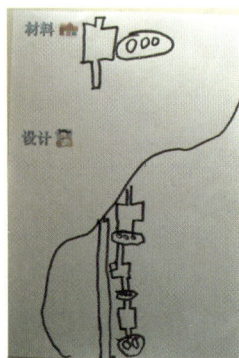

三、画话互优

画话互优是引导幼儿从简单表达到丰富表达的教育策略，旨在引导幼儿实现有主题的丰富表达。画话互优包括优细节、优表现、优情节三种。

（一）当幼儿表达不清晰时——优细节

《指南》指出，要引导幼儿清楚地表达。但是3—6岁幼儿语言表达还不够清晰，个体能力差异也比较大。小班幼儿说不出，中班幼儿说不清、忽略细节，大班幼儿说得多、逻辑弱。针对不同年龄段的幼儿，需要提供不同的策略优化表达的细节。

优细节策略案例分析——"晒太阳"（小班）

·儿歌《晒太阳》

小朋友，晒太阳。晒晒头，暖和了。晒晒手，暖和了。晒晒脚，暖和了。冬天晒太阳，全身暖和了。

·现场实录一

儿歌《晒太阳》的集体教学活动结束后，笑笑拿了一支红色的笔，画了好多好多的圆。一边画，一边说："头头，暖和。手、脚、太阳。"

·童真表达分析

《指南》中提到，引导幼儿进行清晰的表达，当幼儿因为急于表达而说不清楚的时候，提醒他不要着急，慢慢说；同时要耐心倾听，给予必要的补充，帮助他理清思路并清晰地说出来。笑笑有强烈的表达意愿，但是由于小班幼儿语言组织能力有限，很难在短短的15分钟集体教学活动中将儿歌完全记住并复述，因此她想说儿歌却说不出。

·优细节策略

幼儿想表达但是表达不清晰的时候，教师可以提供一些工具辅助，如给笑笑一个纸球或其他材料做的太阳，让她一边移动太阳一边念儿歌。

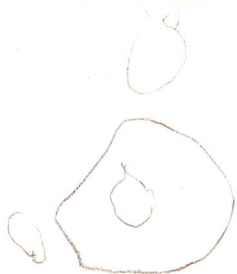

现场实录二

笑笑在墙上画了好多的圆，这次加上了两根线。

画完以后，他拿着太阳，对着涂鸦墙上的圆说："晒晒头。"又移动到另一个圆上说："晒晒手，晒晒脚，暖和了。"

·童真表达分析

和第一次相比，笑笑在移动太阳的过程中说出了不同的身体部位，也能简单复述儿歌中的几句话。通过辅助材料，给予幼儿具体的、可视化的帮助，让幼儿一边操作一边念儿歌，优化幼儿表达的细节。

优细节策略案例分析——"有趣的一天"（中班）

·现场实录一

自由谈话时间，天天激动地说："昨天我去了很好玩很好玩的地方。"老师在追问的同时补全了语句："昨天你去了一个很好玩的地方，看到了什么？有什么很好玩的？"天天回答："昨天我去了公园里，去看梅花了，可漂亮了。"

·童真表达分析

天天有很强烈的表达愿望，能够关注自己的情感体验"好玩"，说出自己经历过的、印象深刻的事"看梅花"。《指南》提出，4—5岁幼儿能基本完整地讲述自己的所见所闻和经历的事情。天天的表达简单，在教师引导后说出了去公园经历的一件事，但缺少对梅花和相关事件的细节描写。

·优细节策略

当发现幼儿的自主表达细节不完整时，可以提供一些提示图，再通过语言进行进一步的引导，优化幼儿的表达。

运用丰富这一策略时，应鼓励幼儿用不同的形容词、成语大胆表达。教师在日常活动中应关注幼儿语词表达的丰富性，在集体活动中，通过追问，再次引发幼儿的回忆和运用。

现场实录二

老师提供了眼睛、手、嘴巴、鼻子的提示图。

老师问："梅花是什么颜色的？像什么？形状怎么样？像什么？味道怎么样？像什么？"

看着眼睛的提示图，天天说："我看到了梅花，很多很多，红色的。"看着鼻子的提示图，天天说："奶奶让我闻一闻，有点香。"看着手的提示图，天天说："奶奶还给我拍了一张照片，站在梅花前面。我做了一个'耶'。"

第二天，天天还画了一幅去公园看梅花的画。

·童真表达分析

通过语言引导以及提示图，天天的表达细节更加丰富，对梅花的颜色、数量、香味进行了描述，同时也表达了和梅花相关联的一件事"拍照"。这说明，在提示图帮助下，幼儿在表达时产生了相关联想，回忆自己的经历，从而进行完整、细节丰富的表达。

此外，画面中，天天画了自己和奶奶、相机，还有许多红色的梅花，都与前一天的细节描述相匹配。这也反映出语言表达时的细节优化能进一步丰富幼儿绘画表达的细节。

优细节策略案例分析——"灯笼怎么做"（大班）

· 现场实录一

个别化活动时，软软在制作灯笼，老师请她向其他小朋友介绍自己制作灯笼的方法。

软软说："先要把这个剪开，然后就一直剪，我剪的时候不小心就歪掉了，没关系。然后剪完了然后就粘一下，粘了好几次，就是有点粘不牢。然后就再贴这个。然后我喜欢黄色的小花，就贴了黄色的小花。"说完，她看看老师，又看看其他小朋友。

老师问："孩子们，你们听懂了吗？"有的幼儿摇摇头，有的幼儿说："你都没说清楚。"

老师拿出一张纸，标上1、2、3、4，说："请你用四句话说说你是怎么完成灯笼的。"

软软想了一想，指着1说："把纸折一下，剪开，沿着线。"指着2说："2就是把纸卷起来，粘好。"指着3说："贴黄色的纸，就是灯笼的带子。"指着4说："4就是贴小花。"

老师又问："孩子们，这次听懂了吗？"这下，台下的幼儿纷纷点头。

老师总结道："我们可以用好听的话把它连起来。先……然后……接着……最后……谁还愿意来介绍一下你制作的灯笼？"

圆圆也做了灯笼，举起手说："先把纸对折，沿着线剪开；然后把它卷一卷粘起来；接着贴黄色的纸变成带子；最后贴小花。"

· 童真表达分析

软软第一次的表达非常完整，把做灯笼的主要步骤都说出来了。但是，其中掺杂了很多与制作灯笼的步骤无关的介绍，比如剪的时候不小心歪掉了、粘了好几次、我喜欢黄色的小花，这些是她在制作活动中的体验，与步骤放在一起讲述显得累赘、啰唆，重点不突出。

· 优细节策略

《指南》提出，5—6 岁的幼儿能有序、连贯、清楚地讲一件事。教师首先通过 1、2、3、4 的可视化步骤图帮助幼儿理清制作步骤和顺序，同时，要求她只对步骤进行讲述，化繁为简，优化细节。边看边指边说的方式能够帮助幼儿边行动边思考，从而有思考的时间将语句理顺，进行更清晰的表达。

在可视化步骤图后，教师进行补充，以"先……接着……然后……最后……"这样的连词，引导幼儿表达。当教师提供连词后，能够让幼儿的表述具有前后顺序，从而使讲述更有逻辑性。

（二）当幼儿表达不生动时——优表现

一般 4 岁左右的幼儿就能够进行完整表达，说出完整的句子。幼儿的日常生活词汇积累丰富，但是描述性词汇积累较少，对词汇的理解有限，因此较难在表达中运用自如。他们很少使用生动的形容词、副词、连词等，使得语言表达显得干涩、呆板，缺少画面感。教师可以通过模仿、共创等方式引导幼儿将故事内容链接生活经验，优化故事细节。

优表现策略案例分析——"开满玫瑰花的院子"（中班）

· 现场实录一

在集体教学活动"开满玫瑰花的院子"中，教师出示故事完整画面，说："老师带来了一个故事，请你看看发生了什么？"妙妙说："小熊在铲土，小熊在浇水，小熊在抓虫子，花开了。"妙妙说完，没有幼儿举手补充。

· 童真表达分析

妙妙能有条理地讲述故事，能根据画面说出故事人物和故事内容。但是，她的语句都是某某某干什么，故事讲述平铺直叙，情节简单，不生动。妙妙没有将故事与生活经验联系，画面没有唤起她的生活经历。由于对故事内容缺少体验，所以没有表情、没有动作。

·优表现策略

场景模拟，即让幼儿模仿其中一个角色的动作、表情等，让幼儿以体验的形式来创编故事。如画面一是小熊拿着铲子，就可以让幼儿直接拿着小铲子，模仿小熊的动作。从静态画面切换到动态画面，帮助他们理解并观察得更细致，更有代入感，从而使得故事情节更生动。

·现场实录二

老师请天天上来扮演小熊，玲玲和倩倩扮演小兔和小松鼠。老师问："小熊，你在干什么呀？"天天双手挥舞铲子，一动一动，说："我在铲土。"老师又问："小熊是怎样铲土的？"下面的肖肖说："用力地。"

老师继续问："你们觉得会发出什么声音呢？很用力是怎么样的？"杨杨脱口而出："嘿哟嘿哟很用力！"

老师对孩子们的发言进行了小结，并将故事往下推进："小熊在院子里用力地铲土，嘿哟嘿哟。这时，小兔和小松鼠走进了小熊的院子，他们说……"老师停止了讲述，所有的孩子都看向了扮演者，露出了好奇的表情。扮演小兔和小松鼠的人你看看我，我看看你。玲玲说："小熊你好。"倩倩说："你在干什么呀？"天天回答："我在铲土，很用力。"

老师接着说："原来，简单的画面里藏着这么好玩的故事呀。你们能讲一讲吗？"

妙妙回答："小熊在院子里用力地铲土，嘿哟嘿哟。小兔和小松鼠在院子外面看，小兔说'小熊你好'，小松鼠说'你在干什么呀'。"

· 童真表达分析

幼儿的表达来源于生活，没有亲身经历，他们很难感同身受。当教师让幼儿模拟场景后，他们作为故事中的角色代入到画面中，画面和生活经验就出现了自然的联结。对比发现，幼儿对画面一的描述从一句话，到讲出三句话；从语言单一匮乏到有细节的描述，如"用力""嘿哟嘿哟"，也有了简单的对话。当教师制造出现场感，他们对画面的表达和理解就更加丰富了。

· 优表现策略

教师通过对一个画面的场景模拟，引导幼儿生动地讲述故事，接下去可以用共创的方式，让幼儿分组表演、自由创作，对故事的其他情节进行创编。

· 现场实录三

幼儿分成 3 组，自由表演画面二中的故事。

A 小组的表演——

天天一边模拟浇水的动作，一边说："小熊在浇水。小兔和小松鼠在看着他浇水。"叮当看着说："小兔会什么呢？我们再加点话吧。"婷婷说："我们为什么还在院子外面？我们进去看。"

B 小组的表演——

扮演小熊的杨杨对扮演小兔和小松鼠的人说："我多浇水，花开了我请你们来做客。""小兔"和"小松鼠"说："好的。"

C 小组的表演——

倩倩说："为什么小熊在浇水、铲土，我们都在外面看呢？后面的图片里我们是进去的呀。小熊你要不邀请我们吧，不然后面我们怎么进去呢？"玲玲说："要不我们也来和你一起浇水吧？"扮演小熊的孩子说："不对不对，图片里你没有来浇水，你们不能演的。"

·童真表达分析

一旦有了场景代入和与生活经验的联系，幼儿的语言就会源源不断，说出各种由浇水引发的生活场景。A组小兔和小松鼠扮演者主动发起新的故事情节；B组小熊扮演者主动邀请，有对话；C组小兔和小松鼠的扮演者主动协商，提出问题，但是小熊的扮演者观察非常仔细，不让另外两个同伴浇水、进院子，他认为画面中没有的内容不应该表演出来。

·优表现策略

《指南》提出，要引导幼儿仔细观察画面，结合画面讨论故事内容，学习建立画面与故事内容的联系。语言领域目标的阅读与书写准备板块中，要求4—5岁幼儿具有初步的阅读理解能力，能根据连续画面提供的信息说出故事的情节。其教育建议中也鼓励幼儿根据线索讲述故事，大胆推测想象故事情节的发展。

通过演一演的方式，引发了幼儿对人物动作和语言表达的详细描述，产生了对话和交流。部分幼儿也提出了表演和故事画面的关联，商量应该怎么说对话，看图说话的表达更加丰富且生动。

幼儿在片段中出现了故事情节的争议，说明他们能够自主对连续画面进行解读。因此，在演绎画面时，单一画面反而使故事内容割裂，引发争议，一组提出了坚持自己的想法，一组提出了困惑，因此教师可以将四个画面进行连续地看和说。

·现场实录四

老师引导幼儿继续看之后的画面："看看画面三中小松鼠的表情，它怎么了？"倩倩说："害怕。""你从哪里看出来的？""它皱眉的。""害怕的样子是怎样的？谁来演一演？"

倩倩做出了哆哆嗦嗦的样子。天天手一伸又缩回来。

老师问："谁能用语言说出来？"天天说："它一定是看到虫子害怕了。"妙妙说："大害虫，我要把你消灭。"叮当说："哆哆嗦嗦的。"

老师问："哆哆嗦嗦是什么意思？"

叮当回答："手在动，身体也在晃动。"

·童真表达分析

幼儿对词汇的理解依赖于感知动作，"哆哆嗦嗦"是不常见的生僻词汇，通过演一演并进行简单解释，幼儿对该词汇有了更直观的认知和理解。

·优表现策略

借助视频回顾或现场演示的方式，采取"模仿"策略，给予幼儿相互观察学习的机会。幼儿在同伴观察的过程中，积累表达的经验。同时，同伴的童真表现更贴近幼儿的实际水平和需求，更能唤醒幼儿的表达欲望。

·现场实录五

幼儿分组排练后上台表演故事。

A 小组的表演——

天天："小熊在浇水，他想把花都浇一遍。"婷婷说："我们进去看看吧。"轮到叮当时，叮当突然忘记了，婷婷推推他的手，提醒道："小松鼠和小兔走进院子。"

……

B 小组的表演——

杨杨说："小熊在浇水，花开了我请你们来做客！"笑笑说："我想看。"悦悦着急地说："不对不对，我先说的。谢谢小熊，我们来帮你浇花吧！"

……

C 小组的表演——

玲玲说:"小松鼠看到小虫子很害怕,哆……"台下的叮当插嘴道:"哆哆嗦嗦!"

玲玲说:"小松鼠看到小虫子很害怕,哆哆嗦嗦。"

……

3 组都表演完了,老师说:"刚才每个孩子都扮演了故事中的小动物,学一学他们说了什么,做了什么,我们一起把故事变得更丰富啦。"

· 童真表达分析

幼儿对于画面有了充分的了解,并产生了积极的表达意愿。开始讲故事时,所有的孩子都很踊跃,并且表达内容的生动性、条理性都有所提升。但是由于完整讲述的时间还不充分,所以出现有的组相互提醒、有的组忘词、有的组需要台下同伴的帮助等。

(三)当幼儿表达不丰富时——优情节

一般 5 岁左右的幼儿能创作一些有情节的故事,但是在风格和方法上表现是不稳定的。当幼儿能够完整并流畅地进行表达,却因能力有限导致出现情节单一的问题时,教师可以通过场景拓展、故事同创等策略激发幼儿思维,使得表达更加丰富。

优情节策略案例分析——"我们的小兔故事"(大班)

· 现场实录一

在个别化学习活动时,教师提供了空白的画纸,孩子们可以自由创编小兔的故事。画完后,教师问:"你们画了什么故事?"蒙蒙说:"小兔和土豆超人开着车出去。"朵朵说："兔妈妈送了小兔一个礼物，小兔很开心。"麦子说："小兔和他的朋友遇到了大老虎一家，他们吓得逃走了。"

・童真表达分析

3名幼儿的故事中都出现了人物小兔关系——小兔和土豆超人、小兔和妈妈、小兔和大老虎，故事结果是开车出去、开心、逃走。幼儿的故事都包含人物、关系和结果三种语言要素，但是故事情节都比较单一，缺少编故事的基本要素——时间、地点、人物之间的对话，缺少故事场景的联系和有趣的情节转折。故事中没有"为什么""怎么样"，使表达缺乏画面感，故事不生动。

・优情节策略

基于幼儿故事情节单一的问题，增加"场景"提示，围绕同一角色，提供不同时间、人物、地点的可替换图片（贴纸），当出现了不同场景时，幼儿能够根据图片思考不同场景下发生的故事，进行不同主题的创编。

・现场实录二：

教师提供小兔头像贴纸，以及时间和地点的贴纸，幼儿可以在空白的画纸上进行自由的粘贴、添画，然后创编故事。

朵朵选择了两张小兔头像贴纸，没有拿场景贴纸。她说："今天是小兔

的生日，小兔和妈妈一起庆祝。小兔穿上好看的裙子，打扮得很漂亮。妈妈就对小兔说'生日快乐，我送你最好吃的胡萝卜'。妈妈还给小兔唱了生日快乐歌，他们准备去吃火锅庆祝，然后小兔就非常开心。"

蒙蒙拿了一张空白的纸，贴上小兔头像和下雪的场景后就开始作画。刚画完，他又拿了一张空白的纸，贴上了小兔的头像还有下雪的贴纸。他很快又画完了，继续拿空白的纸，还是选择了下雪的贴纸。

老师问："你画了什么故事？"蒙蒙拿出第一幅画说："这是小兔的家，它在家里看电视，它看到下雪了，就赶紧跑出来看。它最喜欢下雪。下雪就可以玩雪。"蒙蒙指着第二幅画说："风很大，下雪了，小兔想去拔萝卜。这是它的篮子，这里是它的萝卜地。"他又拿出第三幅画说："雪越下越大，小兔的萝卜还没有拔完，他手都冻僵了，所以他就哭了。"

麦子先拿出一张空白的纸，他把小兔的头像贴上去后开始画画。画完了，他又拿出下雪天的贴纸，贴在第二张纸上，开始画画。最后，他拿出萝卜地的贴纸，贴在第三张纸上，开始画画画完了，他迫不及待地拿着他的画到老师面前说："这是我，这是小兔。小兔和我一起玩，我们一起玩跑来跑去的游戏，很开心。"拿出第二幅画，说："我想出门玩，但是下雪了。本来穿了短袖的衣服，觉得很冷，就回家换衣服。然后穿了一件毛衣出门，还是觉得很冷，就又回家了。然后穿了一件很厚很厚的外套出门，我就不觉得冷了。"最后一幅画，他说："小兔要去萝卜地，想去看看萝卜长大没有。然后他看到萝卜没有长大。"

·童真表达分析

朵朵没有选择场景贴纸，但是场景贴纸的提供拓展了她创编故事的思路。画面中有萝卜、"Happy"字样，这些细节与生日场景匹配。在她的故事中，把片段一中"妈妈送了小兔一个礼物，小兔很开心"拓展地进行了描述。说清了妈妈送礼物的原因，送的是什么礼物，故事情节有前因后果。场景拓展引发幼儿原有故事情节的完整呈现。她知道生日要唱生日歌、送礼物、去吃火锅庆祝，这些都是将自己的生活经验与故事创编产生联结，从而优化自己的故事情节。故事情节也能侧面折射出朵朵与家人的关系亲密。

蒙蒙和麦子都不满足于画一幅画，他们想要多次表达，且每次表达的内容都不相同。蒙蒙在三个故事中都运用了下雪的场景，并且在故事讲述中说喜欢下雪，说明他对下雪这个场景感兴趣，在画面中表现了愉悦的心情。在场景切换中，他的故事不断变化，第二、第三幅故事之间情节存在一定的联系，既可以拆分为三个独立的故事，也可以合并为一个故事。

麦子虽然贴了小兔的头像，但是他一直在说"我怎么样，做了什么"，把小兔的故事变成了自己的故事，展现出自我情感的表达。他既运用了空白的场景，也运用了教师提供的萝卜地和下雪天两个场景，故事是散点的、平行的，没有连续性。

·优情节策略

基于大班幼儿语言表达和故事创编的要求，教师提供了有场景的画面，但是幼儿不满足于一幅画的创作，想要进行多情节的创编尝试，因此提供四格漫画的形式，在一张空白的画面中出现四格，并增加人物提示，引发幼儿对故事创编中多人物场景的想象。增加小兔表情的变化提示，引导幼儿创编具有起承转合的故事，进一步优化情节。

·现场实录三

教师提供小熊人物贴纸、表情变化提示图。

蒙蒙和甜甜坐在一起创编。

蒙蒙很快选好了小熊头像和下雪的贴纸，甜甜犹豫了一会儿，看看蒙蒙，也选择了下雪的贴纸。

蒙蒙在画的时候，一旁的甜甜很好奇地张望，看到蒙蒙画了一个萝卜，甜甜也在自己的画上画了一个萝卜。看到蒙蒙画了一个圆圈，里面有个头像，他问："这是什么？"蒙蒙说："是小熊，小兔想让小熊帮忙拔萝卜。"蒙蒙看看甜甜的画："为什么这里有星星？"甜甜说："小熊帮助了小兔，小兔给他奖励小贴纸呀。"

朵朵画了小兔在萝卜地的故事，倩倩画了小兔和小熊的故事。画完以后，两人向对方讲述自己的故事。

倩倩看看朵朵的画，指着第一幅画问："怎么有两只兔子？这是谁啊？"

朵朵指指大的兔子说："这是兔姐姐，"又指指小的兔子说，"这是兔妹妹。兔姐姐和兔妹妹来萝卜地拔萝卜，它们最喜欢吃萝卜。"

倩倩打断多多，说："不对不对，小兔不喜欢吃萝卜，它喜欢吃青菜，我养过兔子，就是喂青菜的。"朵朵争辩道："就是喜欢吃萝卜！我不讲给你听了！"说着她生气地转过头，不愿理睬倩倩。倩倩看到她生气，说："对不起，你讲吧。"朵朵继续说："看到很多的萝卜，它们两个兴高采烈，但是兔姐姐和兔妹妹不知道怎么把萝卜带回家，它们就用篮子搬。但是萝卜太重了，它们搬不动，就很难过。"倩倩补充道："那应该请警察叔叔帮忙，帮小兔搬回家。"

· 童真表达分析

蒙蒙在四格漫画中有的选择了人物贴纸，有的选择了时间贴纸，也有一格没有选择贴纸。蒙蒙产生了多人物的联想，故事情节连续、丰富，而且他在选择时没有犹豫，在脑海中已经构架好了故事情节。甜甜则是喜欢模仿他人的绘画，给自己提供思路。在创编故事时，蒙蒙和甜甜边画边说，边问边画。朵朵和倩倩在创编故事时也会一边讲故事一边提问，有自己的独特想法，倩倩还会提出自己的建议，有和同伴共同创编故事的意愿。

· 优情节策略

《指南》中关于幼儿语言领域的教育建议指出，鼓励和支持幼儿自编故事，引导幼儿结合画面，讨论故事内容。教师应为幼儿创设生生共创的机会，满足幼儿丰富的情节表达需求，通过生生互动，相互聆听、启发创造。

·现场实录四

多多和麦子在一起创编故事。

麦子说："你先说，然后我再说好吗？"多多点点头同意了。多多写上了1、2，麦子写上了3、4。麦子一边画，一边看多多画了什么。多多说：小兔遇到了小狐狸，它们在玩雪。麦子看完，继续画。

一旁的老师问："小兔和谁在一起玩？发生了什么故事？"

多多说："有一天，小兔准备出门溜达，它已经很久没有出门了。出去玩的时候它看到下雪了。然后它遇到了小狐狸，它很惊讶，下雪天小狐狸还在外面玩？它们一起玩了堆雪人，很开心。"

麦子接着说："雪下大了，小狐狸回家了，小兔又遇到了小乌龟，小乌龟说，大灰狼要来抓我，小兔害怕极了。它就赶紧跑回家去。"

第五节　联结模式概览

　　"画—话"联结是一种跨领域的学习形式，在实际的活动中，教师创设适宜的环境、运用多种支持策略将绘画和言语有效结合，并在绘画与言语相互联系、相互促进、相互补充的过程中，推动幼儿童真表达的发展。基于以上观点，我们绘制了"画—话"联结活动模式概览图。

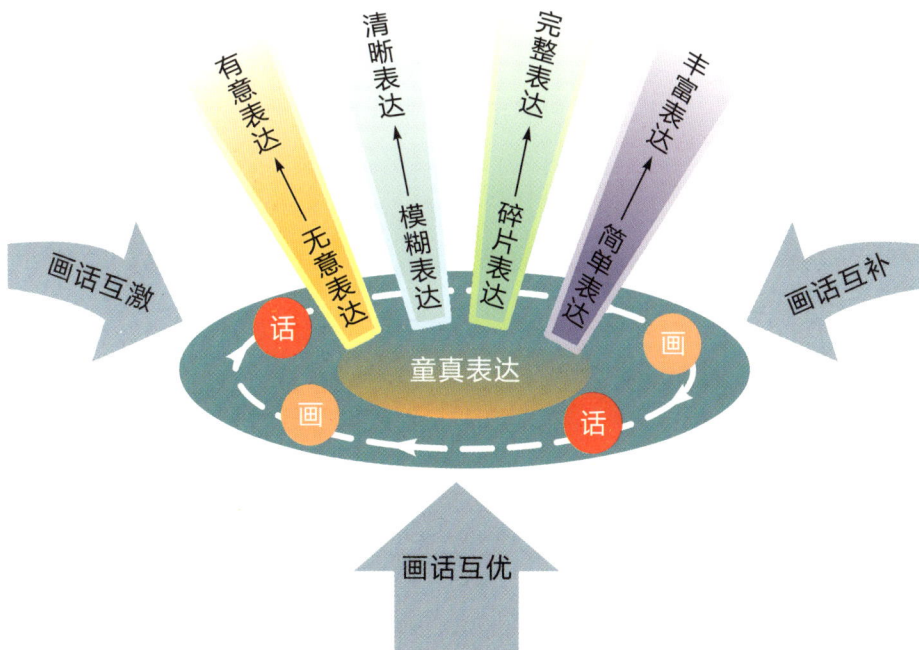

图 11　"画—话"联结活动模式概览图

一、单向联结模式

该模式借鉴了皮亚杰的认知发展理论，指幼儿从绘画或语言单一的表达形式到"画—话"联结表达，其思想、情感对内能够被反复回味、自我加工，对外能够被直观看见、广泛知晓。

·活动组织：

涂鸦墙上贴了很多好吃的食物，提供了各种不同的画笔。

·幼儿行为：

自由活动时，小A来到了涂鸦墙，拿起一支玫红色的画笔在墙上进行绘画。

·幼儿语言表达：

老师：咦，你画的是什么呀？

小A：我画的是棒棒糖。这是棒棒糖的棒子，下面还有小的棒棒糖。

图12 单向联结模式案例——棒棒糖

·活动组织：

涂鸦墙上贴了各种很多圆圈的照片，提供了各种不同的画笔。

·幼儿行为：

小B拿起了一支笔，画了很多"羊毛卷"。

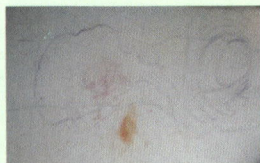

·幼儿语言表达：

老师：卷卷的样子像什么？卷一卷，卷卷什么出来？

小A：卷一卷，卷卷羊毛卷出来。

小B：卷一卷，卷卷头发卷出来。

图13 单向联结模式案例——卷卷卷

其核心是教师通过环境的创设和材料的提供，支持幼儿在自由自主的状态下创作表达。同时在教师引导下，引发让幼儿的绘画表达从"随意涂鸦"到"有意表征"，语言表达从"词不达意"到"直抒胸臆"。

二、循环联结模式

循环联结模式是"画—话"联结活动的经典模式，该模式是指幼儿在活动中经过"话"与"画"，再回到"话"与"画"的循环联结方式，在绘画与语言相互作用并一同发展的基础上建立的，幼儿的表达从无意到有意，从模糊到清晰，从碎片到完整，从简单到丰富的过程。

图 14　循环联结模式

该模式下活动开始由"画"而生或由"话"而起，因此又分为以下两个分式。

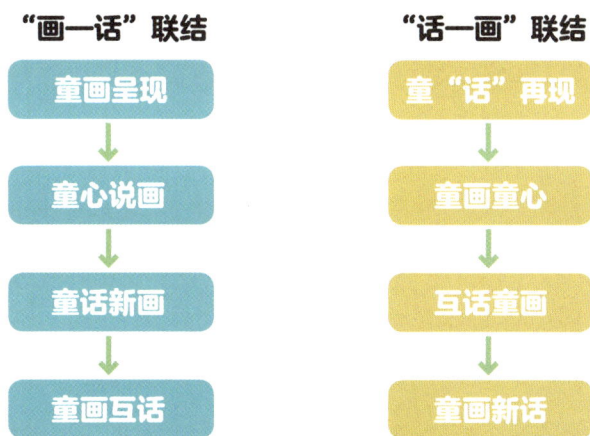

"画—话"联结

童画呈现 → 童心说画 → 童话新画 → 童画互话

"话—画"联结

童"话"再现 → 童画童心 → 互话童画 → 童画新话

图 15　循环联结模式分式图

（一）分式 1——"画—话"联结

该分式由"画"而生，首先呈现幼儿的绘画表达，然后教师鼓励幼儿在理解、观察和推测中口头表达自己对"童画"的想法，接着幼儿将自己的想法画下来，形成"新画"，最后和同伴"互话"自己的"新画"，创编更多有趣的内容。具体见案例"小兔故事多"。

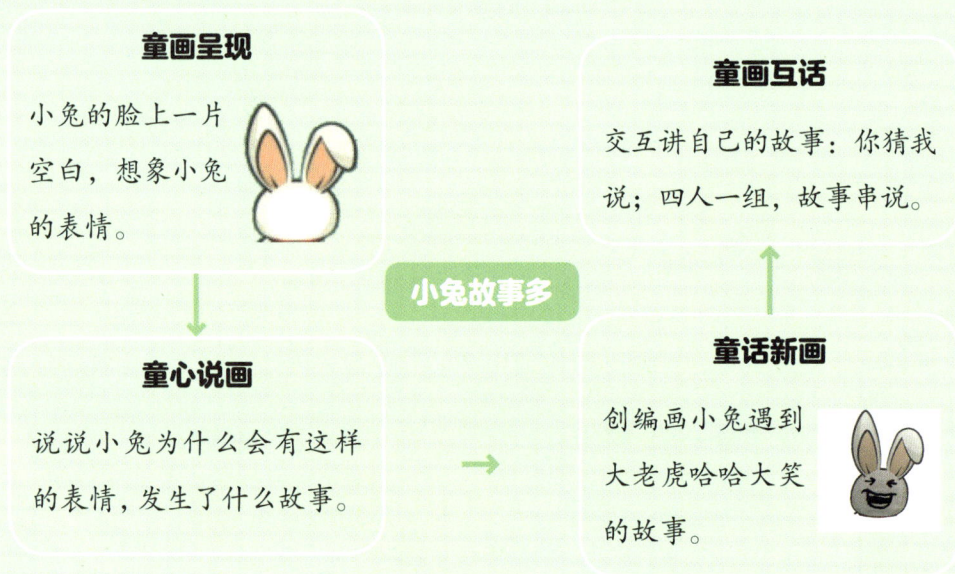

循环联结模式案例——集体教学活动"小兔故事多"（大班）

1. 活动流程图

童画呈现

小兔的脸上一片空白，想象小兔的表情。

小兔故事多

童心说画

说说小兔为什么会有这样的表情，发生了什么故事。

童画互话

交互讲自己的故事：你猜我说；四人一组，故事串说。

童话新画

创编画小兔遇到大老虎哈哈大笑的故事。

2. 活动目标

（1）大胆想象，通过语言和绘画结合的方式表现小兔的故事。

（2）理解同样的表情有不同的含义，感受他人情绪。

3. 活动准备

（1）物质准备——自制课件、小兔活动情景图片（脸部表情为空白）、场景图片若干等。

（2）经验准备——有创编小兔的故事的经验。

4. 活动过程

（1）童画呈现。

小兔表情大猜想——猜测小兔表情，激发幼儿添画各种表情的兴趣。

（设计分析：此环节当幼儿对某一内容感兴趣时，教师可以采用激"趣"策略，小兔一登场就是脸部空白、背景简单的，激发幼儿大胆猜测与想象，绘画各种各样丰富的表情。）

教师：小兔的脸上一片空白，你会画上什么表情？

（2）童心说画。

说说小兔的表情——根据绘画的小兔表情，表达自己对小兔为什么会有这样的表情的猜测。

（设计分析：此环节通过语言交流的方式支持幼儿对于表情背后发生的故事的表述，激发幼儿自主表达的兴趣，感受"画"与"话"的乐趣，实现"画—话"联结。）

教师：说说你们画的小兔表情背后会发生什么故事呢？

熹熹：小兔在森林里被石头给绊倒了，摔了一跤，它觉得自己很倒霉，火冒三丈。

瑶瑶：小兔今天去买了彩票，居然中了奖，拿到了它喜欢吃的萝卜，它开心得心花怒放。

帅帅：小兔发现自己最心爱的玩具——布娃娃不见了，它痛哭流涕。

桐桐：小兔发现地上有个洞洞，里面居然住着小蚂蚁一家，它惊讶不已。

姜姜：小兔跟自己的好朋友因为一些小事情吵架了，它非常难过。

桐桐：小兔要去上小学，可是它跟它的好朋友要分开，它闷闷不乐。

教师小结：不同的表情代表不同的心情和感受。

（3）童话新画。

高兴的小兔——根据表情反转，并运用绘画方式进行表达。

（设计分析：此环节教师通过反转故事情节，促进幼儿补充自己的画面内容，完整清晰地进行表述。小兔看到大老虎，固定思维永远只有害怕。因此，当幼儿表达能力受限时，通过提供小兔哈哈大笑的表情画面，让幼儿能够拓宽思路，教师也指明了 "同一种表情产生的原因可能是不同的"。这样的表情反转设定打开了幼儿的话匣，丰富多样的词语和精彩有趣的情节会不断涌现出来。此时的幼儿表达就更加完整和清晰了。）

教师：小兔遇到了大老虎会是什么表情呢？

帅帅：害怕大老虎。

桐桐：瑟瑟发抖，怕大老虎吃掉它。

姜姜：大老虎是肉食动物。小兔会感到害怕。

教师：小兔遇到大老虎竟然哈哈大笑，会发生什么奇妙的事情呢？请你们想一想、画一画。

（4）童画互话。

小兔新事——拓展想象，乐意继续创编小兔故事。

（设计分析：幼儿由于能力限制，仍然会出现情节单一的问题时。此环节教师通过交互说，如你猜我说、四人一组故事串烧，激发幼儿思维，使表达更加多彩。此环节中，通过同伴之间的互相交流，增进补充，幼儿的表达更加丰富，这也是这个环节的重要目标。）

·你猜我说。

教师：现在我们来玩你猜我说的游戏吧！猜猜其他朋友画的小兔遇到大老虎哈哈大笑，背后发生了什么有趣的故事呢？

云云：我猜你的故事是这样的——小兔子和大老虎坐了云朵过山车，它们飞了起来，飞到了云朵的垫子上，它们抬呀抬，抬到了摩天轮上，又撞呀撞，撞到了游泳池里，于是它们在游泳池里游呀游，游得非常开心。

瑶瑶：有点不对，其实小兔和大老虎的云朵过山车越飞越高，在太空遇到了宇航员！

帅帅：我猜你的故事是小兔和大老虎在童

话乐园里遇到了嫦娥公主，它们还一起去摘星星，它们非常开心。

熹熹：是的，你猜对了，给你点赞！

·四人一组故事串说。

教师：现在四人一组轮流说，完整地创编一个小兔遇到大老虎哈哈大笑背后的故事吧！

帅帅：首先小兔和大老虎坐在车子里，很开心。

桐桐：然后突然遇到了风暴，被卷呀卷、飘呀飘。

涵涵：接着它们发现居然飘回了自己家。

悦悦：最后它们觉得自己真幸运，开心得哈哈大笑。

教师：再请一组来说说不一样的小兔遇到大老虎哈哈大笑的故事吧！

琦琦：有一天，小兔和大老虎乘着宇宙飞船看到了陨石，它们虽然戴着防护罩，但还是受到了陨石的攻击。

俊俊：于是它们跳出了宇宙飞船，摘了星星，照亮了前面的路。

玘玘：它们飘呀飘，飘呀飘，飘到了火星上。可是火星上太冷了，没办法生存。

朵朵：大老虎这时候说它好想回到地球啊！小兔发现那边有个滑滑梯，它们可以滑到地球去。它们滑呀滑，滑呀滑，终于滑到了地球上，它们回到了森林里，继续做好朋友，它们玩得不亦乐乎。

教师小结：不可思议、奇特的事都会让小兔哈哈大笑！

（二）分式2——"话—画"联结

该分式由"话"而起，首先结合幼儿感兴趣的话题，运用固定句式的提问和回应总结，引发幼儿运用已有的语言经验进行积极地表达；然后提供相应的绘画材料和工具，鼓励幼儿将内心的情感、认知、想象通过画面的方式记录呈现出来；接着鼓励幼儿通过语言和画面相结合的方式向同伴介绍自己想表达的内容，在多次讲述、多向倾听的过程中，拓宽思路并丰富自己的表达内容；最后鼓励幼儿将丰富的表达通过画面的方式呈现记录下来。该模式可运用于不同的活动场景，一是探索日志活动，具体见案例"等风来"；二是集体教学活动，具体见案例"春天的秘密"。

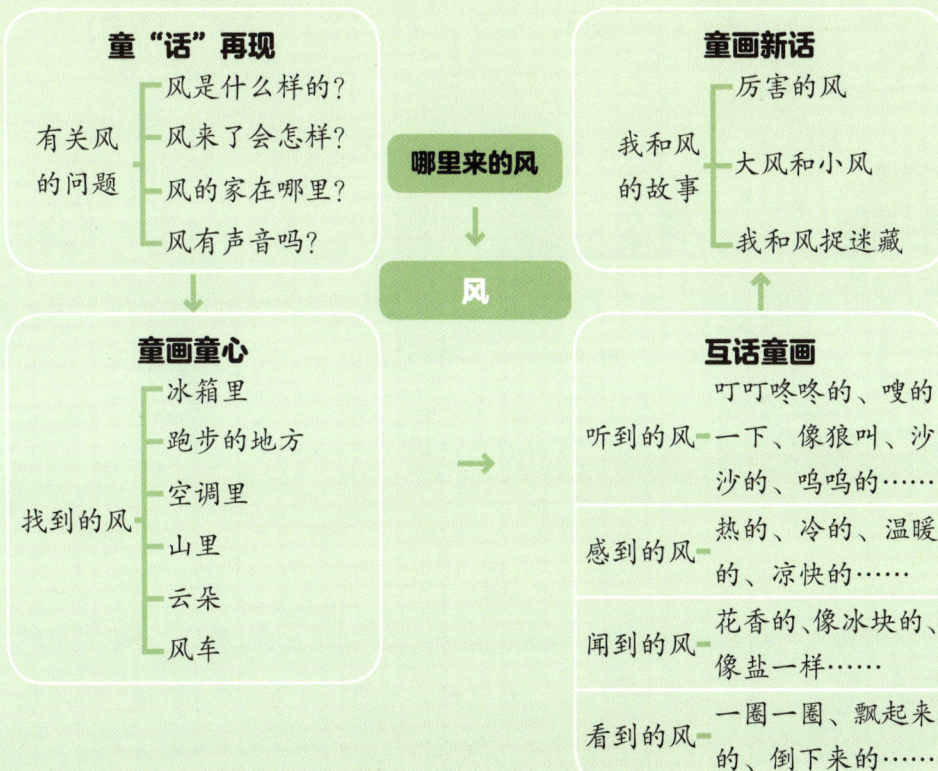

循环联结模式活动案例——探索日志活动"等风来"（大班）

1. 活动流程图

童"话"再现
有关风的问题
- 风是什么样的？
- 风来了会怎样？
- 风的家在哪里？
- 风有声音吗？

哪里来的风
↓
风

童画新话
我和风的故事
- 厉害的风
- 大风和小风
- 我和风捉迷藏

童画童心
找到的风
- 冰箱里
- 跑步的地方
- 空调里
- 山里
- 云朵
- 风车

互话童画
- 听到的风——叮叮咚咚的、嗖的一下、像狼叫、沙沙的、呜呜的……
- 感到的风——热的、冷的、温暖的、凉快的……
- 闻到的风——花香的、像冰块的、像盐一样……
- 看到的风——一圈一圈、飘起来的、倒下来的……

2. 活动过程

（1）童"话"再现。

一次户外游戏，幼儿想用牛奶盒柱子搭一个三角的帐篷，这天风比较大，地基也不稳定，幼儿尝试了好几次，没过一会儿就被风吹倒了，于是幼儿之间开始讨论关于风的话题。

筱筱说："怎么回事，风怎么这么大！搭了好几次了，怎么还是不成功呢？"越越说："怎么风这么大，搭也搭不好。"青青说："是的呀，没有风就好了。"伍伍说："哪里来的风呀？"

……

（2）童画童心。

哪里来的风呢？幼儿对于风产生了浓厚的兴趣，于是开始边找边用笔画下自己找到的风。

在风车上有风

云朵里的风

打开冰箱有风

空调吹出风

山里面有风

树上刮着风

电风扇转起来有风

跑步带着风

（3）互话童画。

教师发现幼儿找到的风是比较零散的，于是问："你们看到了哪些风呢？风的感觉一样吗？风有哪些不同的味道呢？听到的风的声音一样吗？"通过不同的问题提出，一下子拓展了幼儿的思维。幼儿到绘本中去找寻答案，同伴之间也产生了关于风的更多的话题。

·看到的风。

佑佑说："你们看到的风一样吗？我看到的风的样子是一圈一圈的。"童童说："不对不对，我看到的风是卷卷的。"安安说："我还看到过更厉害的风，是螺旋状。"阳阳说："不是不是，我看到风都飘来飘去的哦！"雨雨说："风可厉害了，能让大树倒下来的。"悦悦说："其实风是有大有小的。"

·听到的风。

琦琦说："风的声音也有很多种，我听到的风的声音像河水一样的。"翊翊说："我听到的风声是沙子一样的声音。"嘉嘉说："我听到的风像垂柳在微风下沙沙沙的声音。"胡胡说："我听到的风是呜呜呜的声音。"珠珠说："我听到的声音是小老鼠的声音，吱吱吱的声音。"哲哲说："风的声音像狼叫声。"茵茵说："风的声音像花儿、鸟儿在唱歌的声音。"杨杨说："风的声音像打鼓的声音。"远远说："我听到的风的声音是嗖的一下，像瀑布的声音。"曦曦说："我听到的风是叮叮咚咚的声音。"丽丽说："我听到的声音是水流动一样的风声。"茹茹说："我听到的风是沙锤的沙沙声。"媛媛说："我听到的风是乒乓球的那种乒乒乓乓的声音。"

·闻到的风。

红红说："风的味道也是不一样的。我闻到的风的味道像花一样的味道。"俊俊说："我闻到了清新的味道。"君君说："风的味道像棒棒糖一样，甜甜的味道。"哲哲说："我觉得风的味道是多种多样的，像糖果、像薯条，还有像香蕉的味道。"丽丽说："我闻到的风的味道是原味冰激凌的味道。"童童说："风的味道像盐一样。"琦琦说："我闻到了杧果的香味。"翊翊说："我闻到的风的味道像冰块的味道。"

·感到的风。

琦琦说："夏天的时候风是热的，冬天的时候风是冷的。"桐桐说："我很喜欢风，因为每当风吹到我身上的时候，我就感觉到非常的清凉。"晨晨说："我喜欢风，因为如果夏天空调没有电的话，我们跑出去，风一吹就会感到很凉快的。"轩轩说："春天的风吹在身上非常舒服，是温暖的感觉。"

（4）童画新话。

在幼儿充分感知风、对风有了一定的探索兴趣，认知理解更丰富了。于是，幼儿开始自发地创编自己和风在一起的故事，产生了许多新的有趣的故事。

·乔乔的故事：风爷爷来了。

有一天，一个小朋友看见刮着大风，风差点把房子吹倒了。看到这一幕，他被吓得瑟瑟发抖，于是他想赶紧回家去避难。到家之后，他想吃点饼干压压惊。过了一会儿，他又出来一看，哇，风爷爷走了，外面风平浪静。

·桐桐的故事：虚惊一场。

一天，天气骤变，龙卷风来了，大人和小孩都跑进房子里了。过一会儿，龙卷风就很快地来到了村子里了。又过了一会儿，风停了。大家出来一看，发现种的花还好没被吹走，原来风来了也不算一件坏事，大家虚惊一场。

·茵茵的故事：爱护花朵。

这几天外面刮风下雨，因为下雨农场不能维护植物，农场主很担心花朵会被吹走。他们只能待在家里既担心又害怕，等天气好了，他

们出去发现花朵们还是完好无损的，非常开心！

·欣欣的故事：大风和小风。

一位小女孩打扮得非常漂亮要出门了，在路上遇到她的好朋友，于是想一起去玩。可是走到半路，发现风越来越大，于是只能带着她的好朋友回家了。

·杨杨的故事：倒霉的一天。

有一天，风把一家人家的房子吹倒了。于是他们让工人来修。然后，两个人因为房子还没修好，所以他们只能一直待在外面。由于又刮大风又下雨，他们冷得直发抖。后来房子修好了，他们回家了，天气却突然放晴，他们可真倒霉啊！

·奕奕的故事：我和风儿捉迷藏。

有一个人很想知道风是从哪里来的，于是这个人决定去外面寻找风，风是什么颜色的呢？那个人首先走到大树面前，那个人问大树："大树，你知道风在哪里呀？是什么味道的吗？大树说："我不知道。"那个人继续问小花，说道："小花，小花，你知道风是什么味道的吗？"小花说："我不知道。"那个人又问螃蟹："螃蟹，螃蟹，你知道风是什么味道的吗？"螃蟹说："我不知道。"那个人找呀找，终于找到了风，他问风爷爷："你的味道是什么样子的？"风爷爷说："我的味道就像一个冰糖葫芦的味道。"

循环联结模式活动案例——集体教学活动"春天的秘密"（大班）

1. 活动流程图

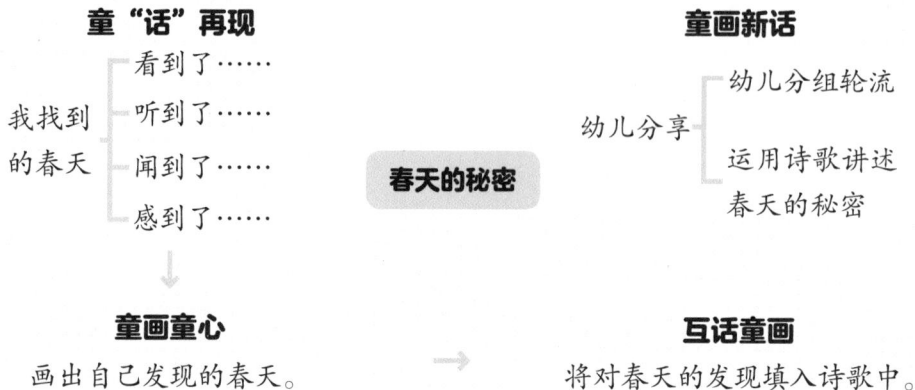

2. 活动目标

（1）说说自己在春天的发现，通过绘画和语言的表达感受春天的变化。

（2）尝试仿编诗歌《春天的秘密》，体验诗歌的韵味和创编的快乐。

3. 活动准备

（1）经验准备——幼儿前期收集春天季节特征时的发现。

（2）物质准备——自制课件、幼儿作品、诗歌图谱、黑板。

4. 活动过程

（1）童"话"再现。

春天来了——交流分享自己找春天的发现，为画春天做准备。

（设计分析：在此环节中，当幼儿对找春天感兴趣时，教师可以采用激"趣"策略，通过语言讨论自己多感官的发现，支持幼儿的表达，激发幼儿自主表达的兴趣。）

教师：我们前两天一起去找春天，谁来说说自己的发现？

萌萌：春天来了，我看到桃花开了。

月月：春天来了，我看到小树都长大了。

畅畅：春天来了，我听到了小鸟的叫声。

彤彤：春天到了，我听到了小蜜蜂嗡嗡嗡的叫声。

江江：我闻到了油菜花的香味。

童童：春雨打在我身上，我感到湿答答的。

筱筱：我闻到小草长出嫩芽的清香。

琦琦：我看到了春天蝴蝶飞来。

教师小结：原来大自然里很多变化可以告诉我们春天来了。

（2）童画童心。

春天在哪儿——将自己对于春天的发现用绘画的方式表现出来。

（设计分析：此环节通过绘画方式，促进幼儿补全自己的画面内容和语言表达，达到完整表现的效果。）

教师：请你把春天的发现画下来吧！

（3）互话童画。

春天的新诗歌——结合画作根据诗歌韵律进行仿编和朗诵。

（设计分析：此环节通过创编诗歌，从欣赏到理解到创编，幼儿对于诗歌韵律的感知越来越深入。教师通过固定句式，如："春天来了，春天在哪儿？我看（听、闻、感）到……春天在这儿，春天在这儿。"创设春天生动的故事情境，促进幼儿补充自己对春天的语言表达，从单一内容转为多样内容。）

教师：诗歌里有哪些春天的秘密？请把春天的发现填入诗歌中表达。

阳阳：春天来了，春天来了，我听到了小河哗啦哗啦地流着，春天在这儿，春天在这儿。

艳艳：春天来了，春天来了，我感到了柳树穿着嫩绿的春装，春天在这儿，春天在这儿。

东东：春天来了，春天来了，我闻到了桃花的香味，春天在这儿，春天在这儿。

悦悦：春天来了，春天来了，我看到了大雁排成"人"字，春天在这儿，春天在这儿。

教师小结：诗歌用声音、颜色、表情、场景告诉我们春天在这儿。

（4）童画新话。

春天新画——感受、拓展、想象，乐意继续创编春天故事。

（设计分析：此环节通过分组、集体互相之间对答式的诵读，在小组合作的创编中，孩子能够有语言表达并进一步画出对诗歌的感受。教师通过故事情境促进幼儿改进自己的画面内容和语言表达，完整清晰地进行表述和创作。）

·幼儿轮流说。

教师：请你们再想一想、编一编春天的诗歌吧！

杨杨：春天来了，春天来了，春天来了，我看到蝴蝶在花园里翩翩起舞，春天在这儿，春天在这儿。

童童：春天来了，春天来了，我闻到油菜花的香味，春天在这儿，春天在这儿。

越越：春天来了，春天来了，我感到了桃花下着漂亮的桃花雨，春天在这儿，春天在这儿。

江江：春天来了，春天来了，我听到了小鸟在唱歌的声音，春天在这儿，春天在这儿。

·用诗歌讲述春天的秘密。

操作提示：通过分组轮流、集体的方式进行对答式诵读，大胆表达自己的创编。

三、单向与循环的关系

单向与循环模式为包含关系，多个单向模式构成循环模式。单向模式指向幼儿单次表达的经历，教师可在幼儿绘画或语言的表达行为之后促成另一行为的发生。循环模式指向幼儿在童"情"、童"知"、童"想"三类系列活动中表达的经历，教师在长程式、推进式的活动中促成幼儿多次的"画—话"联结表达。从单向模式到循环模式，既有量的叠加也有质的突破，其转换时机和度的把握需要教师基于幼儿的发展现状、发展规律和发展目标来判断执行。

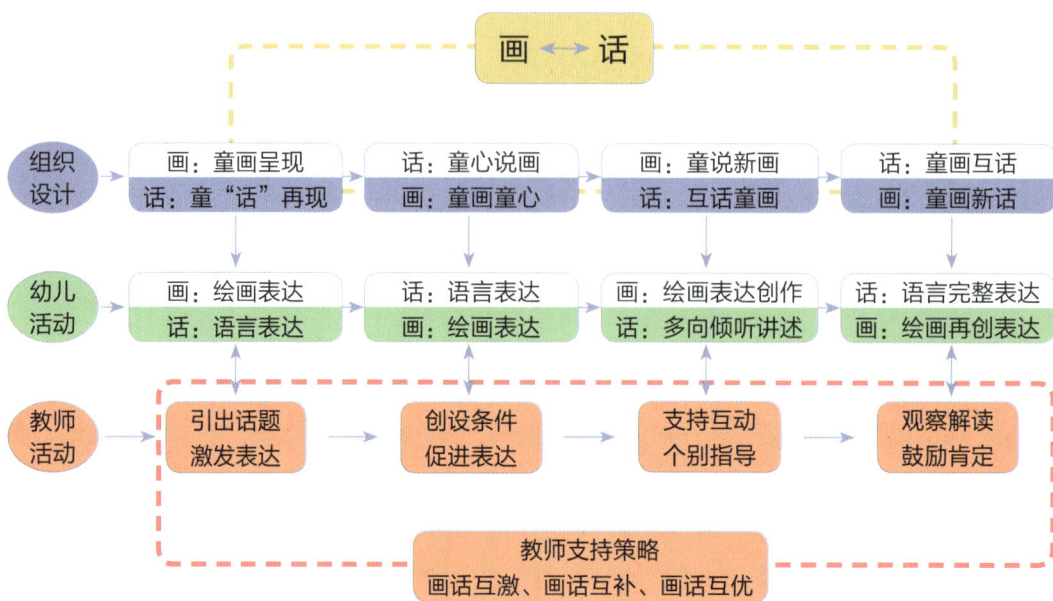

图 16　"画—话"联结活动的设计、组织与实施

第四章

联结生长：

实践研究的成效与展望

第一节　看见生动的儿童

一、更丰富的情感

"画—话"联结活动为幼儿打开了情感表达的通道，也让幼儿的情感表达更加丰富了。主要表现在三个方面：第一是对自我情绪的识别与表达越来越清晰，他们从原来只是随意宣泄情绪到能够记录并正确表达自己的情绪；第二是自我情绪的调节能力越来越有力，他们从原来消极情绪调节策略转变为积极情绪调节策略；第三是开始会对他人情绪进行共情，他们从原来只关注自己的情绪到能关注到他人情绪。

（一）情绪表达日渐清晰

情绪的识别与表达是指幼儿对自己或他人情绪状态的觉察、辨识，在识别后能以多种方式记录和表达自己的情绪。在我们实施中班童"情"系列活动之心情日记前后，幼儿对自己的情绪识别和表达都越来越清晰，从原来无意识地宣泄情绪到后面能有意识地、清晰地从内而外地表达出自己的情绪，下面以追踪小 A 和小 B 开展"画—话"联结活动后的变化为例。

表21　心情日记个案观察记录追踪表（小A）

性别	男	年龄	4岁5个月	情绪	生气

	绘画背景	小A在自由活动时看到很多小朋友都拿着心情日记本在画画，他也跟着一起画，但他不知道要画什么，平时也不爱画画。

开展初期	心情日记作品	
	语言表达	"我也不知道画的是什么，随便画的。"

	绘画背景	小A在上午区角活动的建构游戏中，和自己的好朋友因为抢建构材料起了冲突。小A在用力抢夺的过程中打到了好朋友的手，同伴们都纷纷劝告小A，两人在老师的调解下才各自继续玩。绘画时小A的心情不是很好，噘着小嘴画心情日记。
开展中期	心情日记作品	
	语言表达	"我的好朋友和我抢玩具，我很生气，打了他，我不想和他做好朋友了。然后我把我们都关在小黑屋里，谁也不理谁。"

（续表）

开展后期	绘画背景	今天小 A 似乎一来园就不太开心。自由活动时，他拿出了自己的心情日记，低着头想了一会儿，画出了这幅作品，边画还边皱眉。画完长长舒了一口气，然后嘴角微微向上抬了一下。
	心情日记作品	
	语言表达	"昨天我和哥哥从超市里走出来，我的棒棒糖被一个穿着浅蓝色衣服的小朋友抢走了。我号啕大哭，我的哥哥很生气，所以哥哥后来去把棒棒糖要回来还给了我，还告诉这个浅蓝色衣服的小朋友，不能抢别人的东西。这个浅蓝色衣服的小朋友上面的三个表情是他心情的变化，原来抢了棒棒糖他很得意扬扬，后来被哥哥教训了一顿，他也哭了，最后感觉到很不好意思。"

案例分析：

· 绘画表达：人物形象逐渐完整，主题内容逐渐凸显。

从绘画表达上看，小 A 在开展初期绘画的线条杂乱，并不知道自己想画什么，颜色只有黑色；到了开展中期，绘画的线条虽然简单，但能看到基本的人物形象和场景，不过人物形象不完整，比如手和脚都只用"火柴"代替，用色还是只有单一的黑色，看不出明显的主题；到了开展后期，能把线条组合在一起，人物形象的各组成部分基本齐全，特征显著，并且用了多种颜色进行绘画，能看出明显的主题。

· 绘画情感表达：情绪识别逐渐清晰，动作情绪逐渐丰富。

从绘画情感表达上看，在开展初期，小 A 并不知道自己的情绪是什么，也不知道自己要绘画什么内容，看不出其绘画中所要表达的情绪；在开展中期，从画面中感觉人物都是在生气，而且黑色的竖线又表示将自己封闭起来，情感表达较

（续表）

为明显；到了开展后期，小 A 能用红色表示人物生气的情绪，用蓝色表示伤心时的颜色，虽然没有大块面的色彩表现，但是基本能表现出人物的情绪，并且还能用肢体动作和五官凸显人物的情绪特点，如哥哥生气叉腰的表情、弟弟伤心地流泪、抢走棒棒糖的小朋友得意的表情。在画面右上角还有抢走棒棒糖的小朋友后续的表情变化，幼儿的人物情绪表现性非常符合主题下所表达的情感。

·语言表达：句式表达逐渐完整，事件讲述逐渐流畅。

从语言表达上看，在开展初期，小 A 的语言表达比较简单，无法识别出自己的情绪；在开展中期，小 A 能表达出事情的原因和结果，并且识别出自己生气的情绪，但语言表达上还是比较简单，只有基本完整的句型结构，生动性和丰富性有待加强；在开展后期，小 A 能使用常用的连词围绕主题有顺序、有重点地流畅讲述整个事件，还用上了成语形容情绪，如号啕大哭、得意扬扬。

·"画—话"联结性：主题关联性显著提高。

从"画—话"联结性上看，在开展初期，小 A 其实还没有识别出自己的情绪，绘画的内容不清晰，所以自己也不知道画的是什么，"画—话"联结性为 0；开展中期，从小 A 绘画表达的内容中可以感受到小 A 是在生气，画面呈现上把自己和好伙伴隔开并画出了生气的表情和肢体动作，跟他的语言表达相呼应，但是和好朋友冲突的具体原因没有画出来，联结性达到 65%；开展后期，幼儿提出的人物形象要素在画面中都有一一对应的关系，并且人物的肢体动作和面部表情与讲述都基本符合，幼儿在其中也表达了生气的原因及其他人物的情绪变化过程，"画—话"联结性达到 85% 以上。

表 22　心情日记个案观察记录追踪表（小 B）

性别	女	年龄	4 岁 8 个月	情绪	开心
开展初期	绘画背景		午睡前，小 B 因为心爱的夹子坏了哭了起来，下午起床后老师帮忙把夹子修好了，"失而复得"的夹子使小 B 又开心了起来。下午吃好点心后，她拿出心情日记本高兴地画起来。		

（续表）

	心情日记作品	
	语言表达	"我的夹子修好了，我很开心。"
	绘画背景	班级最近进行"集五角星"活动，集齐 10 颗五角星可以兑换礼物。昨天小 B 终于集齐 10 颗五角星了。
开展中期	心情日记作品	
	语言表达	"昨天我终于集齐了 10 颗五角星。放学回家，我马上告诉了爸爸，爸爸也替我开心。为了奖励我，爸爸问我要去哪里玩或者买什么。我说要买个好看的娃娃，然后他就带我去了南方商城买了一个好大的娃娃，我真的太开心了。"
开展后期	绘画背景	小 B 勇敢走过了之前不敢走的独木桥，战胜了恐惧，心里感觉很自豪，也很开心。

（续表）

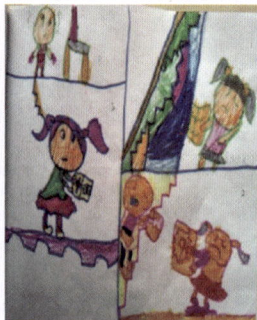

心情日记作品

语言表达

"今天玩独木桥上传地垫游戏的时候，刚开始我非常害怕，心惊胆战的，独木桥好高啊，我根本不敢走。但是我们这边小朋友使劲给我喊加油，这时候我还听到小朋友说，'像那次在椅子桥上一样走啊'。对啊，独木桥和椅子桥是一样的，于是我鼓足勇气，就拿着地垫放心地走了过去，大家都说我真棒。最后我还走了好几次呢，今天玩得真的好开心啊！下次我还要玩这个游戏。"

案例分析：

·绘画表达：人物细节逐渐增多，画面内容逐渐丰富。

从绘画表达上看，开展初期，小B的绘画基本线条流畅，能通过线条和图形组合看出人物的基本形象，细节方面还需要加强，人物的手和脚还是用"火柴"代替，用色较为单一，单一的形象并没有凸显出其主题；开展中期，小B绘画出到了简单的情节，结构特征上具备了物体的基本部分，但特征有遗漏，如爸爸的耳朵和鼻子、面部表情等，选择颜色种类比之前多了，大约用了八种颜色，画面色彩鲜艳，但主调不是很明显；开展后期，小B绘画的线条流畅，能从细节上完整地表现人物，色彩种类较多，用色鲜艳丰富，能明显看出主题，而且在画面的呈现上不再是单幅作品，而是用四格漫画记录自己的情绪小故事。

·绘画情感表达：情感色彩逐渐浓厚，情感变化逐渐明显。

从绘画情感表达上看，开展初期，从小B绘画人物的面部表情和手部动作上可以大致看出幼儿快乐的情感表达，但色彩表现出的情绪并不明显，也没有绘画场景烘托出开心的情绪；在开展中，期所画的内容基本与"高兴"的主题相关，并且表达得较为清楚，如能用黄色表现自己的面部情绪，能用人物双手双脚"往

（续表）

上蹦"的肢体动作表现自己的开心；开展后期，能从画面中看出小 B 的情感变化，原来是害怕、恐惧走独木桥，有了同伴的鼓励后，自己勇敢走过了独木桥，另外从人物的动作和表情也可以看出其情感的变化。

·语言表达：事件讲述逐渐有序，言语表达逐渐生动。

从语言表达上看，开展初期，小 B 能用简单的语句描述人物的情绪，但只能说清一件事的逻辑关系，没有使用连词和长句式表达；开展中期，小 B 能基本围绕主题表明事件发生的顺序，也直接表达出自己的情绪，还会使用常用的词汇进行较完整的句式表达，比之前的语言表达更加丰富和完整；在开展后期，小 B 能用连词讲述一个事件完整、清晰的过程，过程中还有对话和内心独白，并用到了成语来形容自己的情绪。

·"画—话"联结性：联结关联性逐渐提升。

从"画—话"联结性上看，开展初期，小 B 的绘画内容只有一个小女孩，并没有体现出修夹子的场景，与其语言表达不是很符合，"画—话"联结性为15%；开展中期，小 B 的表述和其画面呈现的内容部分是吻合的，画面中有爸爸，还有她拿着集着10颗五角星的册子，但是她后来提到去买娃娃的过程并没有画出来，联结程度为50%；开展后期，小 B 在语言表述中提到的椅子桥和独木桥，以及自己拿着垫子走独木桥的情绪变化，都有在画面中体现，联结程度可达到95%左右。

（二）情绪调节愈加有力

情绪的调节是指幼儿自发自主地对自身情绪进行调节，包括表达情绪的方法和调节情绪使用的策略。幼儿阶段是一个人形成安全感和乐观态度的重要阶段，愉快的情绪也是其他领域学习与发展的基础之一。从小引导幼儿识别和调控情绪，有助于幼儿保持稳定愉快的情绪，形成积极乐观的人生态度，从而为其终身发展打下坚实的基础。

幼儿在记录自己情绪时会产生"自我安慰"的语言，有时也会"认知重建"，这些都是积极的情绪调节策略。而与同伴分享自己的心情日记的过程就是合理表达自己情绪的过程，也是一种"寻求支持"的积极情绪调节策略。同伴之间交流的情绪是多种多样的，可以是积极情绪的表达让他人的情绪更加积极，可以是消极情绪的交流，帮助自己缓解消极情绪。

中班幼儿正处于自我意识萌发的关键期，开始关注输赢，有强烈的好胜心，规则意识和荣誉感也逐步增强，因此他们的情绪波动也变得更加明显。游戏活动失败、爸爸妈妈的否定或好朋友拒绝了自己的请求等都会影响他们的情绪。通过心情日记的记录，幼儿的情绪有了很好的抒发和记录。幼儿在前期学会识别和表达自己的情绪后，又会和同伴交换绘画日记本，互相诉说自己绘画的内容及表达的情绪。

情绪调节案例——"坏情绪"变成了好故事（中班）

生气

慢慢平复

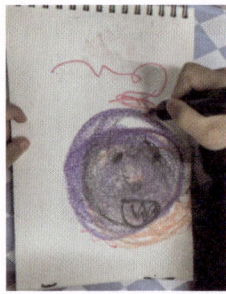
发现乐趣

果果一早来园就一脸不开心。自由活动时，果果抓起三支不同颜色的蜡笔用力地在心情日记本上一圈圈地画圈。

接着，果果一言不发地看着这团涂鸦……

过了一会儿，他拿起笔在涂鸦上添画上了五官，又在上方用红笔画上许多线条。

沉浸其中

开心

果果的整幅作品完成了，从画面上已经看不出他的不愉快了。

他又在旁边添画了手握长剑的王子，并还在添画各种背景。

1. 解读

参照以往国内外研究中对情绪调节策略的划分，结合我们在前期观察中所得的分析结果，可以把幼儿的情绪调节策略分为六种：自我安慰、替代活动、被动应付、发泄、问题解决和认知重建。其中，自我安慰包括行为和语言上的、以自我为导向的安慰；替代活动指儿童把注意力从引发挫折感或消极情绪的情境中转移开并积极主动地投入其他活动之中；被动应付指儿童试图离开或回避引发消极情绪的情境，或是面对问题和挫折"不作为"；发泄是指儿童运用破坏性或伤害性的行为来宣泄自己的消极情绪；问题解决则是指儿童采取一切可能的适应性行为和手段来消除挫折来源、摆脱所面临的困境；认知重建是指儿童对消极情境中的各项参数进行重新思考或重新解释。

（1）从发泄到自我安慰。

果果在一开始选择用画圈这一方式，其实是对自己不良情绪的宣泄。中班幼儿对于自己的情绪并不能很好地认知，这只是一种本能的情绪宣泄。在发泄过后，他看着自己的作品慢慢冷静并且平复了心情。中班幼儿容易被自己感兴趣的事物吸引注意力，这时他想到了在自己的发泄情绪的涂鸦上进行添画，而这一添画的过程中，无疑给了他一种自我的情绪慰藉。

（2）从自我安慰到替代活动。

在添画的自我安慰中果果渐渐发现了添画的乐趣，他将涂鸦的一团圆变成了一个怪兽，又开始在它旁边画上手握长剑的王子，最后在四周画上森林、城堡，不断地丰富画面内容。在不断的替代活动中，他的负面情绪渐渐被转移和遗忘。

（3）从替代活动到认知重建。

案例中的果果在绘画的过程中，绘画创作的灵感会给他新的创意，在绘画内容的丰富过程中，他忘记了入园时的不愉快，平复了心情，创编出了新的故事。有趣的故事情节转移了果果不良的情绪，让他忘记自己起初的不愉快，自我调节情绪，从最后的画作和他的表情中可以看出，他对于自己的情绪有了新的认知重建。

2. 收获

通过日常观察，我们发现，在要求暂时得不到满足、面临恐惧等消极情境时，幼儿会更多地采取替代活动的方式，例如玩其他玩具、唱歌、想其他有趣的事等，通过主动投入其他活动来调节自己的情绪。替代活动之所以能够成为学龄前儿童最常用的应付消极情绪的方法之一，是由于比起那些单纯地通过发泄或回避的方式来应付挫折情境，替代活动可以更有效地转移他们对刺激的注意，减少消极情绪。并且，由于智力和能力发展都相当有限，环境中不可控的因素比较多，幼儿想不出更好的解决办法来积极应对所面临的困境。因此，这种策略的高频运用和他们自身的智力、能力的发展息息相关。

（1）每日记录——情绪宣泄。

情绪的到来有时只是一瞬间，可能是某一句话、某一个动作、某一件事情触发了孩子的心弦。这样的情绪如果被适当转移，也许很快就能自愈。对于中班的孩子而言，他们善良又敏感，情绪来得快去得也快。而心情日记的绘画部分可以很好地转移孩子们"坏情绪"的注意力，触发记忆中有趣的、良性的情绪，提高孩子自我调节情绪的能力。

（2）绘画添画——转移情绪。

心情日记是幼儿最好的一种替代活动的载体，幼儿在绘画的过程中，转移自己消极的、负面的情绪，将注意力投射到绘画这件具体的事件上。幼儿在绘画中会发现并联系生活中的经验，进行添画和画面的设计。在这一过程中，幼儿的思维会进行转移，更多地进行对画作的思考，慢慢忘记之前的不良情绪。

情绪调节案例——把"坏情绪"扔进垃圾桶（中班）

自由活动时，豆豆一脸害怕地对柚子说："柚子，我昨天做了一个很可怕的梦，吓死我了。"柚子问："是什么梦呀？"豆豆说："就是我到了一个美丽的世界，有……"柚子说："我没听明白。这个梦哪里可怕了？"豆豆马上拿起了桌上的心情日记本，说："这样吧，我画给你看。"她先画了一个穿着裙子的小女孩。柚子马上说："哇，这个女孩的裙子好漂亮呀！"豆豆应道："是呀，梦里面我穿着都是爱心的裙子，到了一个美丽的世界。"说完豆豆又画了蜜蜂和蝴蝶："美丽的世界里还有好多蝴蝶、贝壳、蜜蜂、大树，还有漂亮的花。"

柚子说："你画得真好看。那你为什么说是噩梦呀？"豆豆回答："因为突然来了幽灵和怪兽，它们太可怕了，我就被吓哭了。"她边说边画了一个独眼怪兽和飘着的幽灵。

柚子一脸惊恐："你画得太恐怖了，怎么只有一个眼睛。"豆豆说："别怕柚子，我把它撕下来扔掉。"说完，豆豆就撕下这页画，揉成一团扔进了垃圾桶："好啦，噩梦被扔进垃圾桶了，别怕啦。美丽世界里有许多有趣的事情，我画给你看。"

两个孩子哈哈大笑了起来，豆豆边笑边翻开新的一页画起了新故事。

1. 解读

情绪调节是个体管理和改变自己或他人情绪的过程，在这个过程中，通过一定的策略（有意识、有计划地情绪调节）和机制（无意识、无须努力的自动调节），情绪在生理活动、主观体验、表情行为等方面会发生一定的变化。

中班幼儿大多已经初步认识了情绪，了解了自己可能会存在诸如伤心、难过，抑或是高兴、开心等种种情绪。因此，在成长过程中，会逐步意识到情绪的存在，但对何为情绪，却始终比较模糊。对情绪如何产生，又为什么会消退，中班幼儿也大多是不理解的。但情绪调节的前提恰恰是理解情绪，而通过心情日记的绘画，在与同伴轻松的交流中，孩子们渐渐了解自己的负面情绪来自哪里。

（1）同伴倾诉。

可怕的梦常常影响孩子们的情绪，中班幼儿对于梦境和现实并不能很好区分。豆豆的噩梦对她的情绪产生了不良的影响，她选择告诉自己最好的朋友。但是中班幼儿的语言表达能力和理解能力造成两个朋友之间理解的障碍。这时，心情日记中绘画的方式为两个朋友的沟通和倾诉提供了有效的桥梁。豆豆的边画边说，不仅将负面情绪产生的原因告知了同伴，也是对情绪的自我理解。

（2）同频共情。

在豆豆对同伴图文并茂地倾诉后，柚子对梦中的怪兽、幽灵产生了深深的恐惧，瞬间理解了豆豆产生负面情绪的原因。两名幼儿的思维和情绪在同一频率上产生了共情。柚子因为理解了梦境的内容而感到害怕，豆豆因为回忆了梦境的具体内容并将它通过绘画呈现，又一次对梦境产生了恐惧。

（3）自愈同理。

豆豆在回忆的过程中，还是对梦境的内容心有余悸，但是发现同伴被自己绘画的梦境中的画面和内容吓到了，很害怕。这时，她却在因为顾及自己好朋友的感受而变得勇敢，忘记了害怕，转而用把恐怖的梦境画作撕下来扔进垃圾桶的方式来安抚同伴的情绪。在此过程中，她自我调节因为做了噩梦而产生的害怕、恐惧的不良情绪，甚至为了转移同伴的不良情绪而创编新的有趣的故事，两名幼儿在有趣的故事中，完全忘记之前的噩梦，变得轻松开心。

2. 收获

情绪调节分为情绪理解能力和情绪自我调节能力。情绪理解能力在学前阶段发展迅速，是学前期情绪能力培养的重心。教育者可以在丰富幼儿情绪词汇的同时，帮助儿童利用表情、社会性参照、典型情境和个体经验等不同情绪线索，理解自我和他人的情绪，提高幼儿的情绪自我知觉和移情能力。幼儿的情绪调节表现出明显的个体差异，如何帮助幼儿依据社会期望调控自我情绪，获取情绪表达规则，是教育者需要重点考虑的问题。

（1）边说边画——情绪倾诉。

通过不断研读《指南》和《纲要》，我们逐渐明确心情日记记录的目的在于为幼儿表达自身情绪提供一个窗口，通过对于画作的分享帮助幼儿接纳自己或同伴的不同情绪，了解情绪的成因，并尽可能地去尝试调节。

有时绘画只是一个抒发的途径，与同伴的诉说可以在共情中帮助幼儿理解自己情绪的成因，并自然而然地调节自己的情绪。

（2）轻松氛围——表达机会。

儿童对情绪调节策略的选择具有较强的情境性。情绪调节能力较强的儿童通常会先判断其面临的困境是否在自己的解决能力范围之内，再决定是否运用解决问题策略，这是最积极的应对方式，不仅有助于培养幼儿不怕困难、迎难而上的精神，还可以在问题解决中培养幼儿的自信心。但在现实生活中，并非所有问题都能得到解决，因此替代活动和认知重建策略也是可供选择的策略，学会转移注意力或自我开导更有助于幼儿幸福感和满足感的建立。

只有真正与孩子产生共情，才会打动孩子的内心，而共情的前提是轻松舒适的氛围，有助于幼儿自由地与同伴倾诉，表达自己内心最真实的想法。

情绪调节案例——用温暖赶走"坏情绪"（大班）

整个上午，悦悦都闷闷不乐，对各类活动都提不起兴趣。在午餐后的自由活动时间，她来到心情角，拿出心情日记本开始了自己的记录。

萌萌问她："悦悦，你在画什么呀？"悦悦说："我在画我和爸爸。"萌萌说："这个女孩怎么在哭呀？""昨天爸爸让我做数学题，要做好多好多，我一点都不想做。爸爸就凶我，然后我就哭了。""我爸爸妈妈有时候也会逼我读英语，读不好也会凶我。那时候我可难受了，我就大喊大叫。""我都不敢大喊大叫，这样他们会批评我的。""我每次大喊大叫好就会觉得舒服点了。""我妈妈说大喊大叫对身体不好，爸爸妈妈会给我暖暖的拥抱。""暖暖的拥抱？""对呀。有的时候他们工作忙，我心情不好，我就会抱家里的娃娃。抱着它，闻着它香香的味道，我的心情就会好起来。"

说完，她好像想起了什么，看着萌萌说道："萌萌，你可以给我一个拥抱吗？""可以呀。"萌萌边说边给了悦悦一个大大的拥抱。悦悦说："谢谢你，萌萌，我的心情好多了。下次你不开心的时候，我也要给你一个暖暖的拥抱。"

1.解读

在现实情境中，因不可能所有的负面情绪都能通过问题解决、认知重建和替代活动等较为积极的方式去调节，所以适当的情绪发泄也是一种情绪调节策略。而发泄的方式有许多种，并非只有哭泣或者破坏性行为，拥抱则是一种鼓励性质的发泄方式。同时，儿童依赖语言来认识他们周围的世界，交谈是帮助他们理解世界的方式之一。同伴之间的交流也是幼儿平复心情、调节情绪的有效途径。

（1）情绪调节方法的有效迁移。

从案例中可以看出，幼儿对于自己的心情记录更多是自己生活中真实发

生的事情，这些事情对孩子们产生了很大的困扰，但是他们却无法自己排解事件带给自己的不良情绪。而同伴交流的方式不仅给了孩子们倾诉的机会，又能让好的调节情绪的方法和经验得以回忆、传递。

（2）绘画与倾诉中回忆有效经验。

画作中的内容与表述的匹配度也很高。幼儿在表述的过程中，体现出表达的满足。在酣畅淋漓的表达和同伴温暖的拥抱后，情绪趋于平和的同时，也潜移默化地回忆、发现了调节情绪有效、合适的方法。

2.收获：

（1）童真表达中的情绪流露。

通过心情日记的同伴分享，我们读到了越来越多孩子的内心独白。有的孩子因为被爸爸批评而感到伤心，有的孩子因为好朋友有了新朋友而感到沮丧……孩子们遇到的事情可能很小，但每一个独白都值得被关注。这一张张心情日记，拉近了老师与幼儿、幼儿与幼儿之间心的距离。孩子们可以恣意表达情绪，获得帮助和支持。

（2）同伴倾诉中的自我调节。

心情日记的绘画呈现方式让孩子的内心世界一览无遗，而这一览无遗的对象不仅仅是老师，也是同伴。在同伴的倾诉和倾听中，幼儿可以更加没有顾虑地畅所欲言，真情流露。在真情流露中，在轻松的交谈中，回忆自己之前有效的调节情绪的经验，转而进行自我情绪的调节。

（三）共情能力初见萌芽

共情能力是指对他人传递出的情绪进行解读和分析，是一种高级情绪，即换位思考。共情能力可以简单分为情绪共情和认知共情。情绪共情是我们在生活中更容易接触到的一种共情，是指对他人的情绪感同身受。认知共情是从对方的视角，去理解和看待他正在经历的事情。

共情是从"他人"的角度出发，而不是以"自我"为中心。教师在个别幼儿分享绘画日记时，发现幼儿对于同伴的日记有初步的共情能力。他们会一起喜形于色，也会一起愤愤不平。由此，这种感情的自然流露延续成了新的绘画日记，分享给更多的同伴，传递着积极的情绪价值。

幼儿共情能力表现案例

情绪共情

"我和爸爸妈妈去迪士尼见到真正的艾莎公主，她穿着天蓝色的长裙，戴着公主头冠，真的好美啊！爸爸还给我买了气球，是会飞起来的那种，我可喜欢了，我拿着气球拍照、做游戏，太开心了。"

"我也喜欢艾莎公主，我和好朋友一起扮演艾莎公主。我们戴上了很多发光的头饰，还穿上了公主裙，我们都觉得自己是最美的，玩得很开心。"

分析：

幼儿分享了"开心"情绪的绘画表达，同伴也会联想到发生在自己身上的开心的内容，这有助于唤醒同伴的积极情绪。分辨他人情绪并不是一种与生俱来的能力，它需要在生活中习得，并不断加以练习才能掌握。因而，教师应该积极为孩子创造表达情绪情感的机会，这有助于孩子模仿学习情感交流，提高分辨他人情绪的能力，从而建立更好的情绪认知。孩子成年后在社会交往中，才能更易与他人共情，建立良好的社会关系。

认知共情

"坏人偷了我的钱，我非常害怕。我想打110报警，请警察叔叔帮忙。但是我从来没有打过报警电话，我太紧张了，担心坏人再来偷我的钱。"

"没关系，我帮你找了警察叔叔来帮忙。警察叔叔肯定有办法，他们带来了手铐把坏人抓走了。"

分析：

当看到同伴遇到小偷时，幼儿会想出解决的办法帮助同伴消除紧张情绪，这样的共情方式是和情绪共情有本质区别的。共情是一种客观的情绪体验，既能与他人感同身受，又能对他人情绪进行客观地认知、理解和分析。认知共情意味着幼儿试图体会理解他人的情绪，而不仅仅是共情他人的情绪感受，更意味着要积极主动地采取措施，帮助他人从不良情绪状况中解脱出来。

二、更主动的学习

主动学习是指儿童基于自身的内在驱动和意愿兴趣，在活动中通过积极的操作体验、大胆尝试、沟通交流、表达创造等行为，主动尝试发现问题、解决问题，并促进新经验建构的一种参与式学习。我们在幼儿"画—话"联结表达中观察发现：幼儿有了自我驱动的意愿，乐意采取积极的行动参与或主导活动，在活动前、中、后会发生主动的建构与反思，这些都是幼儿主动学习的特征。

（一）我想知道为什么

鼓励和支持幼儿以绘画、语言方式自我表达是给予每个幼儿平等开放的机会，尊重幼儿依照自身认知探索并展示学习成果，当幼儿真实感受到自己是被尊重、理解、支持的时候，他们逐步从参与者变为了发起者、从被问者变为了提问者，他们变得好奇敏锐、乐于关心发现、敢于提问质疑。以下是我们不同年龄段孩子在"画—话"联结活动中的童言童问：

对周围人事物的好奇关心　　　　　　　　　**对自我生活的关注期盼**

为什么小金鱼不能天天喂？ 为什么春天有这么多花？ 为什么爸爸妈妈每天上班？爷爷奶奶不用？ 为什么幼儿园要做操？ ……	小班	为什么我会生病？为什么幼儿园保健老师要看嘴巴和手？ 为什么外出游玩要戴小黄帽？ 为什么要吃各种颜色的蔬菜？ ……

为什么小金鱼不能天天喂？
为什么春天有这么多花？
为什么爸爸妈妈每天上班？爷爷奶奶不用？
为什么幼儿园要做操？
……

小班

为什么我会生病？为什么幼儿园保健老师要看嘴巴和手？
为什么外出游玩要戴小黄帽？
为什么要吃各种颜色的蔬菜？
……

为什么有的动物有翅膀不会飞？
为什么秋天的树叶掉了，有的不会掉？
为什么老家年年下雪，而上海不是？
为什么每个班级要有两个老师？
……

中班

为什么我高兴的时候不哭，而大人会哭？
为什么我会长大，爸爸妈妈就不长了？
为什么过年和过生日可以收红包？
为什么我们要有值日生？
……

为什么不能复活恐龙？
为什么是红绿灯而不是蓝灯紫灯？
为什么火箭可以进入太空而飞机不行？
为什么幼儿园大厨烧饭要戴帽子？
……

大班

为什么别人的感觉和我不一样？
为什么快递叔叔能把我买的东西送到家？
为什么幼儿园和小学有这么多不一样？
为什么我们上海话和普通话不一样？
……

图 17　"画—话"联结活动中的童言童问

（二）我来尝试这样做

"画—话"表达，让生生间的交流更通畅，幼儿的认知在信息接受中变得充盈；让表达更充分，幼儿边画边说边想，经验、细节被不断唤醒；让感受体验得到回应，从而获得行动的效能感；让教师看懂了幼儿，并给予他们"对味"的支持。幼儿在表达中获得源源不断的动能，积极行动、坚持探索、交流表达。以下为大班幼儿关于风的探索，其中发现—分享—辩论—分组探索—分组制作宣传，都是幼儿借助绘画和语言表达自主发起的活动。

发现：起风了

幼儿1：今天风好大呀，我帽子都被吹走了！

幼儿2：今天降温了，所以风很大。

幼儿3：我坐助动车来的时候眼睛都睁不开。

幼儿4：跑得快，好像风更大了。

幼儿2：冬天风又冷又大，我都冷死了。

幼儿5：空调可以吹暖暖的风，这样就不冷了。

幼儿6：夏天电风扇就吹的是凉凉的风。

幼儿1：夏天的风也很大的，有台风。

来园时，孩子们都在谈论今天的大风，自由表达对风的感受，并引发了"哪里有风"的讨论。

分享：哪里有风

几个孩子先画下了"哪里有风"，教师把他们的作品贴在了主题墙上，结果引发了一半以上孩子的关注，他们开始自己设计表格表征"哪里有风"，并签上大名。老师为他们做了一张统计图。

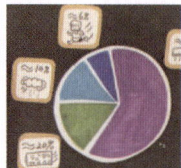

辩论：我不喜欢风

孩子们边看墙上同伴找到的风，边讨论"好的风""坏的风"。有的说不管什么风都不喜欢，有的说虽然有"坏的风"但多数时候还是喜欢风的。教师鼓励他们把理由画下来，看看、比比再决定。

辩论：我喜欢风

宣传：大风警告	探索：龙卷风的形成	探索：微风的形成	宣传：和风开心做游戏

不喜欢风的孩子说："最近风大，我们要做个温馨提示贴在教室里，提醒老师和小朋友注意安全。"

孩子们问老师龙卷风是怎么形成的。于是，老师投放了龙卷风小仪器，让孩子自主探索并记录发现。

不喜欢风的孩子们在分享交流时讲述着关于龙卷风的观察发现，喜欢风的孩子不服气："龙卷风很少见的，上海没有龙卷风。"还有孩子问："那我们平时感觉到的风是怎么形成的呢？"老师便跟进投放了微风制造器。

喜欢风的孩子要做"和风开心做游戏"的海报，告诉大家不要害怕风，可以利用风。他们自行设计游戏、演示玩法，拍摄介绍、制作海报，他们的游戏有：塑料袋抓风、报纸贴贴、随风起舞、放风筝等。

（三）我还能够……

除了能够与外界更顺畅多元地连通互动，幼儿也在表达中与自我对话，并不断地建构与反思。中班幼儿尝试和同伴一起协商合作搭积木，为了明确彼此分工，向同伴传达自己脑中的形象，他们在纸上绘画并写下了学号，可以说这是一份幼儿自发制订的计划书。教师跟踪发现：在画画、玩玩、说说中，幼儿也在进行新旧经验的对照和重构，并尝试迁移和运用新经验，他们的自我调节与突破悄然发生着，以下是中班幼儿成成在制作游戏计划书中的自我建构与反思。

高架桥搭建的第二天：游戏前的计划

计划思考：高架旁可以有什么？ ➡

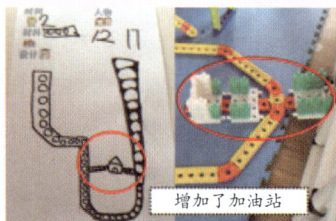

增加了加油站

⬇

高架桥搭建的第三天：游戏后的分享

对比反思：还能介绍什么？ ➡

"我们今天在连接的时候发现两边再加块板更牢固。"

"我们的计划里没有，是我们玩的时候发现的。"

⬇

高架桥搭建的第四天：游戏前的计划

经验连接：还能再画什么？ ➡

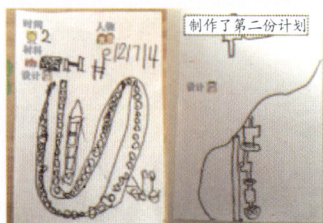

制作了第二份计划

⬇

高架桥搭建的第五天：游戏前的计划

迁移重构：还能边玩边记录。 → "老师，我们想测试轨道，但不想重画，太费时间了，所以打算直接把测试结果画上去。"

在"画—话"联结活动中，幼儿处在丰富的物质环境和安全的心理环境中，能够自发自主自由地与材料、同伴、成人平等、充分地互动，情绪情感、需求想法、思想创意等变得可视可听，当幼儿获得了充分表达的权利，体验到了人际的支持后，他们的学习内驱力也得到了保证，从而促发了系列的行动和后续的反思，识记、领会、应用、分析、评价甚至创造，都在此过程中逐步发生。

三、更多元的想象

3—6岁幼儿的想象正经历从无意到有意、从再造到创造、从夸张到逻辑的转变。我们依据这三个特点，确定了拟人化想象、情境性想象、愿望性想象三个幼儿想象的培养方向，让"画—话"联结活动成为孕育想象的土壤、表达想象的工具。越来越多的幼儿把游戏、生活、故事、艺术中的经历、发现、感悟化为灵感，通过谈话交流、绘画创作、游戏操作等主动想象，想象的主题也越来越多元。

表23 "多元的想象"课例

类别	课例		
拟人化想象	· 菜地趣事 · 鹅的一百首歌 · 咕噜咕噜变 ……	· 小兔故事多 · 魔法衣 · 热闹的水果店	· 百变棍子 · 新龟兔赛跑 · 小鸟音符

（续表）

类别	课例		
情境性想象	· 正反世界 · 秋天里的诗歌 · 我在妈妈的肚子里 ……	· 下雨啦 · 火车呜呜跑 · 春天的秘密	· 热闹的夜 · 表情畅想 · 嫦娥奔月
愿望性想象	· 毕业心愿 · 今天我想玩 ……	· 未来城市 · 我想对你说	· 美丽校园 · 长大以后

（一）拟人化想象

泛灵化是低年龄幼儿的认知特点，随着成长，幼儿越来越现实，天真烂漫、天马行空的想象逐步减少。但其实将动物、事物拟人化不仅能让孩子体验生活的美好和乐趣，也能激发他们探索世界的欲望。"画—话" 联结活动的实施，让我们惊喜地看到，越来越现实的中、大班幼儿不仅依然热衷于拟人化想象，而且还会为同类事物想象不同的故事，赋予动物等多变的造型、丰富的情感、连续的体验、跌宕的经历等。有时他们又会把看似毫不相干的事物串联起来，变成一个个异想天开的故事，符号变场景、场景变故事、故事变系列，走进他们的故事，仿佛走入了童话乐园。

拟人化想象案例——"鹅的一百首歌"（大班）

善为：白鹅幼儿园里举行运动会啦，三个歌手兄弟唱了歌曲《听我说谢谢你》。中间的这个哥哥边唱边跳，旁边的弟弟给他伴舞，他们用歌曲感谢幼儿园的老师们。

昕昕：鹅一家三口都喜欢看托马斯小火车，每次看都哈哈大笑。今天，它们特地到火车站唱托马斯的主题曲，小火车们听了都咯咯笑，跑得更快了。

芮芮：大白鹅在过六一儿童节，它们在儿童节上唱歌跳舞，唱的是《一闪一闪亮晶晶》。它们唱得很动听，而且唱得太开心了，还忍不住跳了起来，大家都很喜欢这首温柔的歌。

辰辰：两只鹅在演唱会上一起唱起了《孤勇者》这首有点伤心的歌。唱的时候它们还流泪了。演唱会上还有投影，让它们的歌唱背景更漂亮。希望它们有漂亮的背景就不会那么伤心了。

小潘：这是两个在结婚亲亲的鹅，它们唱了有爱的歌，左边的是新郎，右边戴头纱的是新娘，新郎转过头亲吻新娘。旁边还有来吃喜酒的鹅在鼓掌，它们唱歌跳舞真开心。

（二）情境性想象

"老师看呀，我们拼了一个小人！""老师这块石头像不像一只小狗趴在地上？"当教师带着幼儿来到花园中散步时，他们看到听到的不是我们成人眼中的场景，每个场景背后仿佛都藏着有趣的秘密，很多静态的场景仿佛马上要旋转变化起来，这就是孩子们对情境的想象。所以，教师会为幼儿提供自然的、低结构的各种美术材料，给予幼儿充分的创作时间，让他们把脑海中的那些不可思议的场景做出来、画出来、说出来甚至演出来。

情境性想象案例——"百变花园"

小班幼儿："胖胖树叶变变变，变成胖胖鸡。胖胖树叶变变变，变成大熊猫。胖胖树叶变变变，变成胖老虎。胖胖树叶变变变，变成猪八戒。胖胖树叶变变变，变成……"

地上满是樱花瓣和树叶，中班的孩子们把这些自然元素都收集起来，一番摆弄后对老师说："这是我们的乐乐，他是我们大家用樱花瓣和树叶拼的，第一次和我们见面。他说'今天天气真好，我是一个头发飞起来的小精灵，大家和我一起来做个鬼脸，开心一下吧。'"

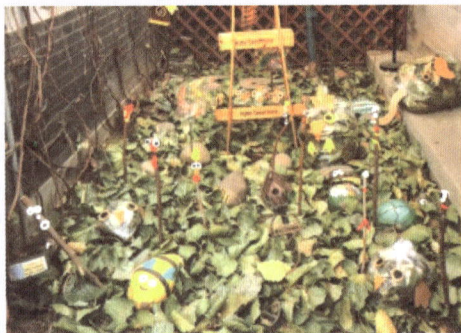

大班幼儿："这里是小鸡们的秘密军事基地，前面是站岗放哨的警卫鸡，后面是支援部队。它们要保护的是自己的家，因为一群会开直升机的大灰狼总是来骚扰它们。为了吓吓大灰狼，它们还请来了大象。大象很大又有力气，可以用长鼻子甩掉直升机。后来蜜蜂知道了，也愿意帮助它们，只要允许蜜蜂皇后和它们一起生活……"

（三）愿望性想象

幼儿的想象不仅是一个个奇幻故事，也有一份份大胆设计。很多想象不是一时兴起，而是他们有了明确的创造目的，基于自身的认知逻辑、与同伴反复讨论交流后的想象。愿望性想象可能是一张游戏计划书、一份表演故事画、一封寄给园长的心愿信、一次未来城市的想象图。幼儿愿望性想象中设定努力的方向、保持乐观的心态、萌发创新的意识、贮备行动的力量。

愿望性想象案例——"我心目中的幼儿园"（中班）

希望我们幼儿园有很多小动物，小猫、小狗、蝴蝶、小鸟都能够来，然后我们每天都可以和它们一起玩滑滑梯，和小猴比赛爬绳。如果遇到下雨，我们就和小动物一起躲在树屋滑滑梯上，我们陪它们一起玩娃娃家。晚上它们就住在树屋。

我们想要一个很高很高，和云一样高的滑滑梯。每天可以坐着自动扶梯上幼儿园，然后还能从滑滑梯上"嗖——"的一声滑下来。这个滑滑梯能和我们的树屋连在一起，树屋上有很多小鸟的家，我们可以做游戏、观察小鸟，小鸟会说："哇，你们和我一样会飞了。"

第二节　支持幼儿童真表达的教师

幼儿表达愿望的激发、表达能力的发展都离不开教师适时适宜的指导与支持。这挑战的是教师对幼儿内心情感、认知与想法表达的观察识别能力；挑战的是教师是否有进行针对性支持与互动的能力，是否愿意改变原有聚焦绘画集体教学活动的固有活动组织形式，在一日活动中随机捕捉和利用幼儿语言和绘画的互补发展的机会；挑战的是教师对自己的教育行为是否有反思调整的能力。随着研究实践的不断推进，我们发现不知从什么时候起，在老师们的电子相册、幼儿成长手册、观察记录中，都充满了孩子们的童真烂漫，对儿童需求、儿童探索、儿童表达的追随和讨论成了老师们的日常。我们深刻感受到，老师们对儿童的认识和教育行为在不断从理念转变为行为并不断更新，而逐渐重"生"出更强的专业能力。

一、发现儿童，乐享童真

教师在孩子表达内心世界时认真倾听，享受他们所表达出来的童真童趣。孩子表达的童真内容有自己独特的想法，教师有时会被这样的童真所逗笑，有时又会被这样的童真所感动，有时还会对这样的童真发出一阵阵的惊叹……因此，我们通过系列机制保证教师能够积极行动，机制包括活动随记、故事班会、组室同聊，让教师在真实情境中全面发现、感受身边孩子的童真。与同班、同年级组的教师进行交流，还可以在园所层面，与更多教师进行分享和探讨。通过这些机制，通过各种横向、纵向的分析讨论，教师对于儿童的认识会更加深刻，并能从其他人的分享中获得更多的启发。

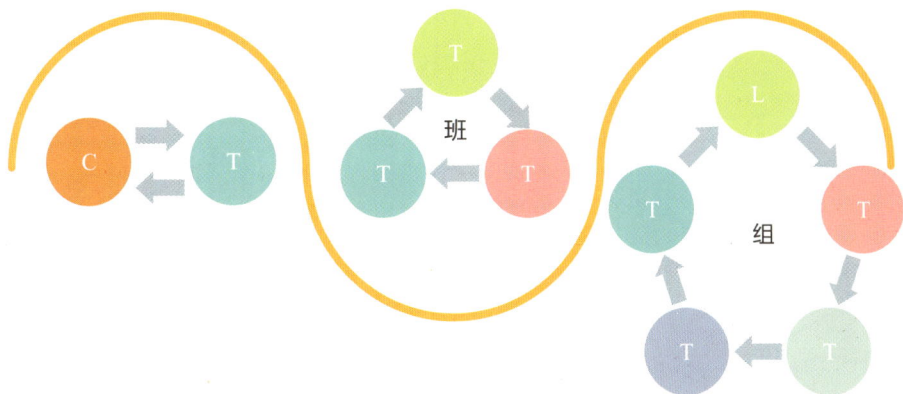

图 18　"发现童真"机制图
（图中 C 代表幼儿，T 代表教师，L 代表教研组长）

（一）活动随记——捕捉一日生活中的童真点滴

研究初期，我们对幼儿的观察秉持着"尊重幼儿，发现别样童真"的初心，随着活动的深度开展更让我们坚信了这份初心的价值。在继续践行"两变两展"的同时，我们更珍视幼儿对生活经历的自主表达和真实想法，更追求对幼儿自然自主状态的持续观察。因此，我们运用幼儿"随行贴"、教师"随行拍"的方式，随时捕捉一日生活中幼儿的童真点滴。

1.幼儿"随行贴"

"老师，我有件事想和您说……""老师，我还有想法"，我们的幼儿总是渴望获得交流的机会。为了让幼儿的心里话被听到、看到，每个班级都提供了便于幼儿取用的"随行贴"，鼓励幼儿自主选择，记录自己的感知、理解与想象。有了"随行贴"，幼儿遇事变得淡定了许多，或与同伴聊，或与老师聊。老师们也像有了童真的"聚宝箱"。

我的今日感想

今天室内运动时，我在走廊骑小车，我边骑边把娃娃家想成了野营基地，把楼梯想成了高山，把窄窄的走廊想成了隧道，我觉得自己像在探险，很神气。

今天游戏我哭了，因为子谦故意拿积木砸我头，但我们还是朋友，因为他对我说了"对不起"，还答应明天让我当小队长。

现在的我

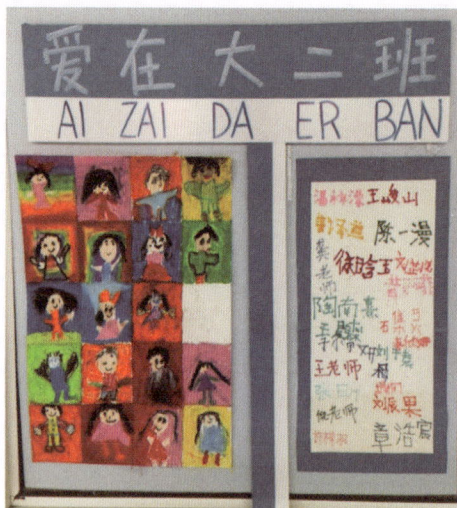

我喜欢踢足球，每周都让爸爸带我去公园大草地上踢球。所以绿色、黑色就是告诉别人我喜欢足球。

我最近特别喜欢粉红色，总是让妈妈买粉红色衣服，希望有一天我能够穿着粉红色裙子和彩虹来张合照。

2. 教师"随行拍"

儿童相机、运动相机等这些现代化的信息设备转换了观察的视角，从教师视角变成了儿童视角、个性视角。在镜头中，我们听到了幼儿的喃喃自语，看清了幼儿的动线转移。教师将这些新视角下的影像与自己镜头下的影像或做对比或做补充，运用个案跟踪、事件观察、时间采样等方式全方位观察幼儿的自然状态。

（二）故事班会——发现每个幼儿的童真特性

"两教一保"与幼儿朝夕相处，是除家人外幼儿最信赖、最熟悉的人。故事班会让幼儿的三位良师益友得以聚焦童真、促膝长谈，共同勾勒每个幼儿的童真画像。

教师和保育员每周交流一次，他们带着日常积累的"随行拍"或幼儿的"随行贴"畅聊，有时是一个幼儿的童真共赏，有时是多个幼儿的童真互赏，保育员看到了爱劳动、有爱心的幼儿；青年教师看到了有个性、有创意的幼儿；成熟教师看到了善交流、会行动的幼儿。不同的视角慢慢拼凑出一个个立体鲜活的童真形象。老师还会统计哪些幼儿被聊到，哪些幼儿还没有。

故事班会实录

园部：二村部　班级：大一班　教师及保育员：蒋老师、石老师、施老师

时间：2023 年 10 月 20 日　对象：恬恬

·概要记录

石：今天，我想先来说一下我们的恬恬。说真的，之前一直觉得她是个"话痨"，有时有点不分场合。但是昨天在吃饭时我仔细听了她和同伴的聊天，别说还挺有意思。她在用上海话说我们中饭吃什么：胡萝卜、白饭、黑木耳，说得有点"洋泾浜"，但是还不错。她还说，我妈妈最近在看上海话电视。

蒋：怪不得上次她跑过来问我会不会说上海话，还问为什么我平时不说。

施：她其实挺有号召力的，我观察过，每次自由选择吃饭座位的时候她总是坐在大桌，旁边一直有小朋友的，你们看我拍的座位（拿出手机给大家

看）。而且她就喜欢在吃饭的时候用上海话教小朋友念菜名。

蒋：我想起来了，有次看到她在给嘉宁念信，我走过瞄了一眼好像是她用符号画了一封长长的信，我零星听到两个词像是上海话。

石：我们看看她的信吧。

施：这个好像是船，是不是《摇啊摇，摇到外婆桥》？

蒋：应该是这首童谣。

石：她把关键字画下来了，远远的是外婆的家。如果是上海童谣，那下次可以让她用符号画下来，再让同伴猜猜说说，一定很有意思。

施：现在会说上海话的孩子真的不多了，像恬恬这样有兴趣的都可以当小老师了，下次介绍午餐也可以让她来。

蒋：这个方法好，这样也避免她在吃饭的时候说话，我们的这个"小话痨"能当大家的沪语老师了。她肯定很开心。

· 小结

原来，恬恬有"特别"的语言技能，而且乐于做小老师，又善于绘画表征，"话痨"是不是因为急于表现自己呢？下次当了小老师后再让我们观察一下。

（三）组室同聊——看见儿童的花样童真

每周一次的故事班会，让老师们看见了班级每个幼儿的童真，而童真的世界是千变万化且无穷无尽的，就如对星辰大海探索的欲望一样，老师们对童真世界的渴望也越来越强烈。因此除了班会，我们又设置了每月一次的组室同聊。

老师们以事务组为单位，除了每人分享一个月来发现的"童真小故事"以外，教研组长还会带领老师们一起以思维导图的方式对幼儿的童真表达进行特征、内容、动机等多维度的分类归纳。事务组长又会每月一次与其他园部的组长一起进行二次分类、梳理归纳。慢慢地，我们以表达的内容为核心，判断识别到了五种童真表达的倾向，每种倾向都提炼出了教师对"童真"的深度理解和由衷期望。

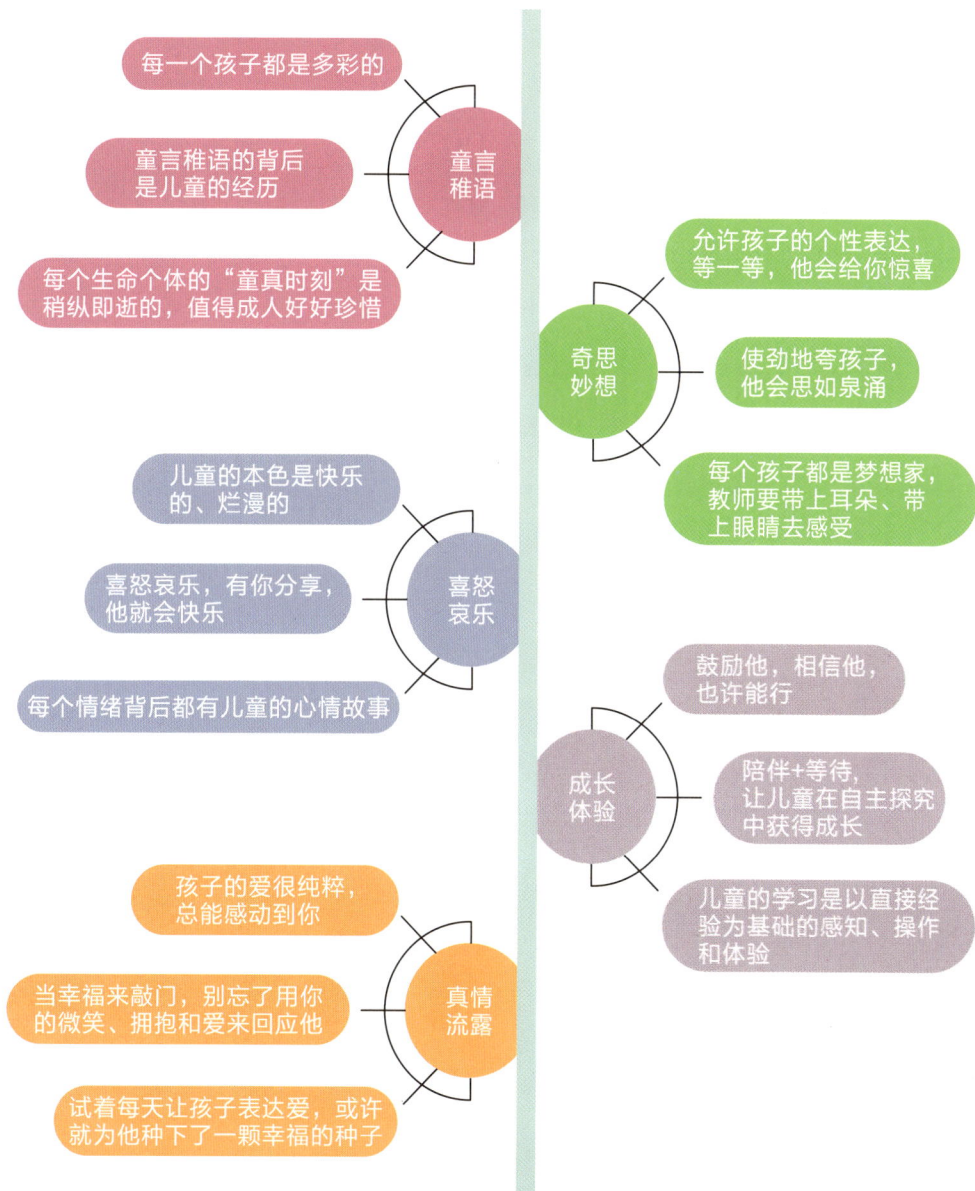

图 19　组室同聊，花样童真

"组室同聊"故事纪实

· 儿童的成长体验

　　幼儿在户外建构游戏时会提前
和自己的小伙伴商量搭建的计划。
这周，笑笑是绿队的小队长，他们
商量搭建一个游泳馆。他们制订了
计划书，在计划书里我们可以看到
幼儿将使用什么材料搭建什么东西都画得一清二楚，还将每个人的任务分
配好。

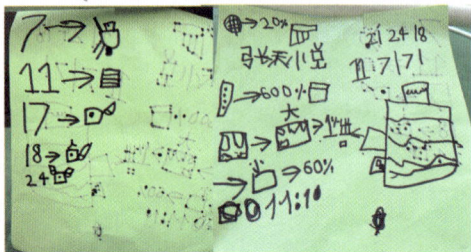

　　游戏后，孩子们也会进行游戏故
事记录。在游戏故事中，幼儿基本将
自己搭建的内容都画了出来。在孩子
绘画世界里，我们看到了他们对相关
经验的认知表达，也感叹于他们能如
此清晰和准确地以绘画和语言的形式
将生活经历反映和表达出来。所以教师在这个过程中只需要细心地陪伴和耐
心地等待，让幼儿在自主探究中获得成长。

· 儿童的真情流露

　　灵灵在毕业前夕给我两封信，她指着第一封对我说："左边这个是我，
右边这个是你。""那你是想和老师说什么呢？"我好奇地问她。她带着纯
真的笑容说："就是想和你在一起玩啊，跟你待在幼儿园的时候很开心，也
很谢谢你教我学本领，带我一起玩游戏。"我听了很感动，对灵灵说："谢
谢你送给蒋老师的信，我很喜欢！"

　　灵灵的第二封信则直接表达了她要传达的内容，简单又真挚："蒋老师，

我爱你。"收到这封信的我也是有些惊讶的，不同以往的信，这次她的信上加了纽扣、扭扭棒等装饰，还专门在另一张粉色手工纸上画了一个可爱的爱心，剪下来贴在信里面，可见灵灵"写信"是多么用心。

·儿童的奇妙思想

在主题"画—话"活动"我的名字是幅画"中，孩子需要根据自己名字中的某一个字结合自己的名字故事进行添画。在绘画后的分享中，有孩子这样说道："我的名字里面有一个'洋'，妈妈说她希望我像海洋一样生生不息，所以我画的是海洋世界，我最喜欢海洋了，我画了海草、海马还有各种鱼。我把字变成了大鲸鱼，它是海洋里最大最厉害的动物。"

有孩子这样说："我妈妈说希望我可以做一个快乐的小女孩，所以她给我起名叫悦悦。我画的是一个在草地上快乐游戏的孩子，戴着黄色的帽子，穿着生日时候妈妈买的红色连衣裙，眼睛都眯成了两条线。"

在幼儿描绘的画面中，我们看到他们天真烂漫的想象世界，可以将"天"字倒过来变成大鲨鱼，创造出梦幻的海洋世界；还可以将"莫"里的"草字头"字当作人物的表情，将"大"当作人物的手和脚，并增添其他场景，描绘出自己的快乐的样子。在孩子的想象的世界里，我们看到了他们的个性和富有童趣的表达。

二、相信儿童，支持童真

活动实施后，本课题就教师儿童观的变化进行了问卷调查和访谈，访谈对象是本园的 39 名教师。将问卷调查中教师儿童观的转变进行词频统计，结果如下：

图 20　教师儿童观的词云图

从上图可以看出，教师提到最多的关键词是"丰富"，占比 12%；接下来是"自主"和"想象力"，均占比 9%；"思想"和"表达"也位列前五，均占比 8%。在"画一话"联结的活动中，教师们眼里的幼儿越来越多样——他们的想象原来是这样的天马行空；当幼儿自由表达的时候他们竟然这么自信；看着幼儿的"画—话"表达，他们远比我们想象的更丰富……

（一）从"我以为"到"没想到"

结合调查问卷，我们分别和老师们进行了个别访谈，也发现了老师们对幼儿再认识的各种感慨。老师们这样说——

教师 A：大班执教教师，教龄 13 年

关键词：自主、表达

在我们大班的传说邮局活动开展前，我一度以为这对于没有文字经验的孩子们来说挑战太大。没想到写信时他们竟下笔如有神，符号、图画、会写的文字都用上了，还能用从同伴那里现学来的图文结合的方式来写信。随着"传说邮局"活动的推进，孩子们越发喜欢写信了，图文表达的内容越来越丰富，写信、寄信、猜信、说信……不得不感叹，每一个儿童都是天生的表达者和学习者。

教师 B：中班执教教师，教龄 7 年

关键词：丰富、乐观

每次翻看孩子们的心情日记，都能让我看到一个丰富多彩的儿童世界。你会发现孩子们每天都有不同的故事，快乐的、气愤的、伤心的，还有发呆的……仔细统计一下，让我非常感慨的是，每本心情日记中孩子们记下的最大篇幅就是快乐的，有时一天里就有很多快乐，难怪孩子们总是那么爱笑，因为他们比成人乐观多了呀！

教师 C：小班执教教师，教龄 25 年

关键词：想象力、丰富

小班孩子的涂鸦墙就是他们的想象天地！他们会指着一个圆，跟你说这是苹果、是轮胎、是镜子、是球，指着看起来乱七八糟的线，说是龙卷风，又或者把东西涂黑是因为晚上到了……从孩子们的"画"和"话"中，我感受到了他们内心丰富的世界。

从老师们的访谈结果可以看出，随着"画—话"联结活动的不断深入，教师的儿童观正在悄然发生着转变，从"不相信""不敢放手"到发现了不起的儿童，因为相信，老师们对儿童的发现越来越深入，也越来越期待！

（二）从"路过"到"留下"

对幼儿童真表达的欣赏和珍视让老师们不再是幼儿活动中的"过路人"，他们更乐意去倾听和驻足观察；去支持记录和肯定鼓励；为孩子提供一个能表达、乐表达的物质和心理环境，让他们的童真世界被留下。

1. 小小留声机

在教室的角落里经常能看到老师们给每个孩子准备的小录音盒，让孩子们随时随地记录自己的所感所知和所想。孩子们既可以留下自己的声音，又能开启同伴的"话匣子"，他们自由、自主的表达可以随时随地发生。

2. 蚕宝宝问题墙

春天到了，自然角里老师投放了蚕宝宝让孩子们观察和照料。"蚕宝宝吃什么？""蚕宝宝什么时候睡觉？""蚕宝宝的便便怎么打扫？"孩子们对蚕宝宝有着无穷无尽的好奇。老师就在自然角开辟出了问题墙和便于取放的纸笔，一张张问题纸层层叠叠，满满堆砌的都是孩子们的好奇和畅想。支持孩子的童真表达是肯定和鼓励，也是润物无声地给予机会和条件。过程中，老师们关注着每个孩子的动态变化，这背后是对儿童发展状态的敏感和对教育契机捕捉的能动性。

三、变成儿童，共同成长

著名教育家陶行知曾说过："我们必须会变成小孩子，才配做小孩子的先生。"所谓"会变成小孩子"，就是教师要尽量使自己具备儿童的心灵——用儿童的大脑

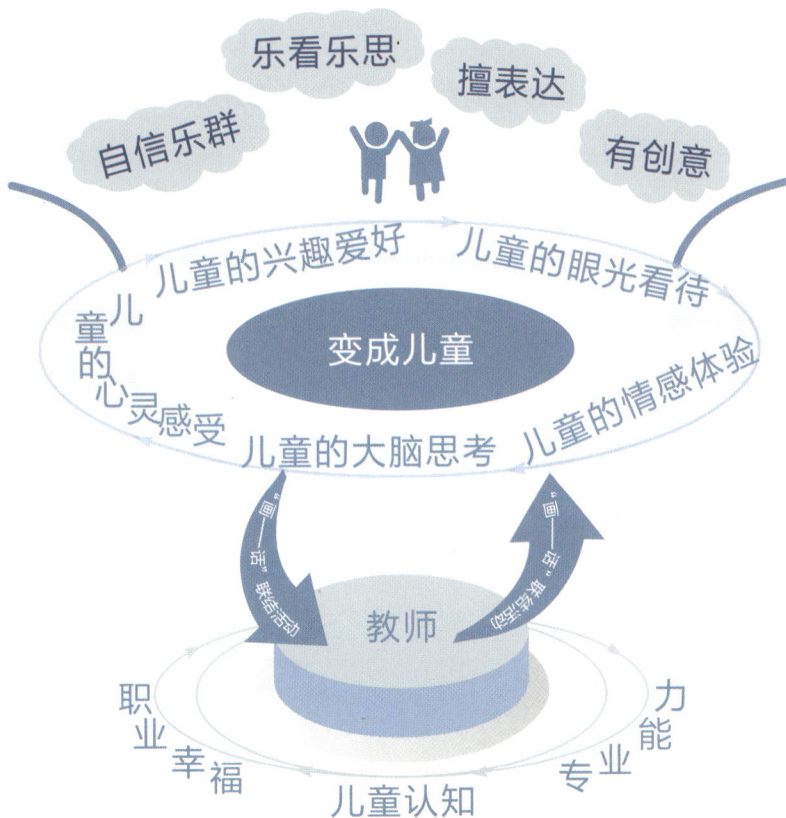

图 21 "教师变成儿童"模式图

去思考，用儿童的眼光去看待，用儿童的情感去体验，用儿童的兴趣去爱好。这句话传递的教育理念就是教师在与儿童相处的过程中要保持一颗童心。而在"画—话"联结活动开展过程中，我们也发现教师越来越能敏锐地感受、发现和捕捉到儿童的需求，和儿童也有了更密切的关系。所以在三年的实践研究过程中，我们也看到了越来越多的老师愿意去主动研究儿童在活动中的变化。三年间，我们可喜地看到了"变成儿童"后的教师对职业的幸福感的体验、对儿童的进一步的认知以及个人的专业能力成长。与此同时，教师的变化也在推动着儿童的发展，孩子们的童真表达越来越自然流畅、丰富多样。

（一）享童语童画的幸福

变成儿童的教师，他们对于职业的态度、归属感和幸福感的体验也越来越丰富和深刻。其中最大的体验就是对职业价值有一种去成人化的感受。以往教师价值感的获得是来自岗位的晋升、职称的提升，但在研究实践的过程中，我们惊喜地发现，当教师变成儿童后，他们与儿童的认知、情感和想象的联结也越来越紧密，能深切地感受到孩子的童真和童趣，与孩子每天在一起，教师的幸福感越来越多。

为此，我们采访了三名不同职业期的老师，询问她们通过"画—话"联结活动，自己对教师这份职业感受有什么样的变化。不同梯队的老师们都感触颇深，她们这样说——

教师 A：教龄 3 年，职初期

作为刚踏上这个岗位不久的老师，我从刚开始忙于做好常规工作，到现在已经能从我们的活动中看到孩子的成长。特别是从小班带到大班这三年，孩子们的童真在涂鸦墙上、在心情日记本中、在一封封信里慢慢表达出来，让我能看到他们内心向善、向美、向真的表达，职业幸福感也油然而生！

教师 B：教龄 15 年，发展期

其实做了 15 年的幼师，我对这份职业也产生过倦怠，也觉得现在的孩子越来越难带。但借助"画—话"联结活动这个平台，我感受到了孩子内心世界的美好，发现"难带"的孩子其实也是因为他们更有主见和自己的思想，看见了每个儿童不同的一面，让我对这份职业又有了新的期待！

教师 C：教龄 30 年，成熟期

做了 30 年的幼师，现在带班可能更多是循规蹈矩，不敢放手。但看到孩子们在绘画背后的稚嫩话语，我也被深深地打动了，让我学会停下脚步去了解孩子的绘画内容，了解孩子的想法。我发现每个孩子的世界都是如此独特和丰富，也是这么纯真和烂漫。孩子们这份童真也让我 30 年的职业生涯变得更有幸福感。

从上面的访谈中我们可以看出教师在实施"画—话"联结的活动中与孩子们的距离越来越近，越来越看见孩子的美好，越来越爱孩子。同时对职业的理解也越来越深刻和丰富，对职业的幸福感也越来越强烈，职业价值的体现也越来越去成人化。

而当幸福的老师和孩子相遇后，孩子童真的快乐也在每天迸发。我们向经历了幼儿园三年学习生活的大班孩子收集了他们爱幼儿园的各种理由——

·幼儿园里可以画心情日记，把我开心的事画下来，然后每天看每天看，都是快乐的事情。

·我最喜欢的是写信的事，我给园长妈妈写信，还给保安叔叔、幼儿园里的大厨写信，他们还给我回信呢！

·我和好朋友在户外游戏的时候一起设计了图纸，造了很多的房子啊，大桥啊……老师还给我们拍照了，挂在教室里，其他班的老师也来参观我的照片呢！

·我编了很多好玩的故事，画出来让小朋友猜，特别搞笑！老师还把大家编的故事都展示出来了呢！

·上次我们把自然角里的蜗牛记录都放在一起看，感觉就像很厉害的书了！里面有照顾蜗牛的方法，还有蜗牛的故事，可好玩了！

在孩子们的回答中，可以看到在三年的"画—话"联结活动中，孩子们体验到了自主表达的机会和环境，师幼互动中老师的珍视和在意，同伴交往中通畅的多向的交互，这些都让孩子们感受到了童语童画的幸福体验。

（二）对童真童情的认知

当教师变成儿童后，他们也在儿童中间体验认知、情感和想象联结的生活，有时的"异想天开"、有时的"奇思妙想"，甚至是偶尔的"离经叛道"，那种"豁然开朗"才能唤醒内心渴望的童真童情。

教师 D：教龄 14 年，骨干期

我发现，"画—话"联结活动的开展让我越来越爱和孩子聊天，也越来越能懂孩子了。比如上周我们班级的雯雯小朋友，平时吃饭都不错，但那天吃得非常慢，如果是以前，我肯定会引导孩子多吃点，大口吃，吃了才能身体棒之类的。但是这天，我就习惯性地询问雯雯为什么不吃饭。她说："想妈妈了，我很久没看见妈妈了。"事后询问过雯雯奶奶，才知道妈妈去生宝宝了，最近不在家。让我对雯雯想妈妈的心情有了更多的理解和共鸣。

教师 E：教龄 10 年，发展期

我是园内唯一的一名男老师，刚成为一名幼儿园老师的时候，我特别想在专业上有所成就，急于想获得各种锻炼和亮相的机会，这种"功利心"一旦没有被满足我就很挫败，对职业幸福感的体验很糟糕。在"画—话"联结活动开展的过程中，我发现自己的心开始静下来了，当我用儿童的视角去看他们的世界时，我发现自己很快就找到了工作的动力。我试着运用自己对孩子运动行为的理解跟孩子们共同调整幼儿园运动场地。看着孩子们在一次次不断调整后的场地上尽情地撒欢，快乐的笑脸和酣畅的汗珠让我也感受了前所未有的快乐。而此时，我发现自己的专业也在悄然进步成长。

（三）与童心同行的能力

当教师变成儿童后，他们越来越喜欢观察孩子、研究孩子。在参与课题研究之前，教师们有专业发展的愿望和需求，但不知道从何入手。特别是新教师，面对日常的教育教学工作、环境创设、文案撰写，已经是疲于应付，无暇真正去观察孩子、了解孩子。随着"画—话"联结活动的不断深入，孩子们大量童真表达的信息呈现在老师们的面前，需要老师们及时应对和思考，许多有价值的案例会自然而然地出现在教师的脑海中，教师的专业成长和幼儿的发展都在不知不觉中发生着。研究儿童不再是老师们不得不完成的任务，而是他们专业行为下自然地厚积薄发的一个过程。在研究的推进中，老师们先后衍生出了各类子课题，教师撰写、发表的案例、论文也越来越多。

第三节　基于联结延伸的思考

在"画—话"联结活动的探索与实践过程中，我们致力于通过将语言和艺术（美术）两个不同领域有机渗透和整合来支持幼儿的童真表达。孩子们在"画—话"联结活动中不再受到单一表达能力不足的限制，而是通过绘画和语言相结合的方式畅所欲言、充分表达，而他们丰富童趣的内心世界也更容易被成人所看到。

我们将幼儿的发展视为一个整体，以童真表达为出发点，鼓励他们以"画—话"联结的方式表达情感、认知和想象，让每个孩子都以独特的个体来绽放出属于自己的光彩。孩子们的内心世界能让成人和同伴听到、看到，他们也越发"乐看乐思擅表达、自信乐群有创意"。"画—话"联结活动的探索与实践让我们看到了在不同领域有机渗透和整合的活动中孩子们的整体发展。同时，也引发了我们对联结的延伸思考。

一、基于儿童整体发展下的多领域联结的思考

在"画—话"联结活动的探索实践中，我们将语言和美术两个不同领域进行联结，让儿童的思维成果通过更丰富的表达路径具象直观地呈现在同伴和成人的面前，也让我们看到了跨领域整合下对儿童学习与发展的整体推动。

《纲要》中提出：幼儿的研究是综合的、整体的。在教育过程中应依据幼儿已有经验和研究的兴趣与特点，灵活、综合地组织和安排各方面的教育内容，使幼儿获得相对完整的经验。

《指南》中也提出：关注幼儿学习与发展的整体性。儿童的发展是一个整体，要注重领域之间、目标之间的互相渗透和整合，促进幼儿身心全面协调发展。

《幼儿园保育教育质量评估指南》中提出：关注幼儿学习与发展的整体性，注重健康、语言、社会、科学、艺术等各领域的有机整合。

近年来，教育部的多个文件都强调了儿童的整体发展，学科领域的有机整合。而在各领域有机整合的背后，其实更是对儿童学习与发展规律和学科领域内在要素逻辑的联结。只有深刻理解与把握儿童的发展需求和规律，我们才能更好地找到领域联结整合的突破口，有机渗透到儿童的活动中，让他们的身心全面协调发展。

我们从童真表达为起点，将语言和美术联结起来，推动了儿童将内心世界向外的输出，从而达到了能力、情感、社会等多方面的发展。其实，不同学科领域之间存在着千丝万缕的联系，基于儿童的发展，我们在不同领域的教育点上，都能找到相关的联结线，如：基于儿童的多元感受，将音乐和美术进行联结，让孩子对音乐这种流动的艺术形式通过美术的方式可感、可视、可表达；基于儿童的认知探究，将生活和科学进行联结，让孩子在生活的问题情境中通过科学经验的运用和建构解决并积累生活经验。

在各领域有机整合的背后，是对儿童学习与发展规律和学科领域内在要素逻辑的深刻分析与理解。这需要我们摒弃传统的学科割裂、知识碎片化的教学方式，而要关注儿童的整体发展，关注各领域之间的内在联系，以促进儿童的全面发展为目标。

二、幼儿童真表达的再思考

（一）童真表达方式的多样性

"画—话"联结课程聚焦在幼儿如何通过绘画和语言进行童真表达，本研究已提出了活动的模式和教师指导策略。在后续的研究中，教师可以将幼儿表达的方式进行延伸，用更多的方式辅助和促进他们的表达。如在语言表达时，讲到激动处或感到不知如何说清时，我们经常会配合着"手舞足蹈"，动作往往辅助人的语言和情感表达；很多孩子画着画或者做着手工，也会情不自禁地站起身来；在进行艺术创作时，在自言自语的同时，可能也会哼起小调表示自己的轻松和惬意……教师在关注"画"和"话"的同时，也可以延伸到对幼儿其他表达方式的关注，会看到更加丰富的幼儿，对幼儿的解读也会更加得心应手。

（二）童真表达基础的延伸

日本著名儿童教育家、画家鸟居昭美的《培养孩子从画画开始：走进孩子的涂鸦世界》中说，绘画和语言一样，是一种表达方式，它不能简单地用技巧作标准，更不可以限定好一个框框再去填满，而是要基于生活的所见所闻，真实、感动、触发灵感而创作，才是最好的表达。[1]

因此，表达作为一种"输出"，需要以"输入"为基础。除了关注幼儿的输出，教育者也应该注重儿童的输入——来自孩子在幼儿园、家庭、社会、自然等不同场景下的经历；来自孩子感知的、理解的、想象的……因此，拓宽更为丰盈的儿童经历，丰富更充分的儿童体验，才能夯实儿童的表达基础，才能让童真表达厚积薄发。支持幼儿多元的、以广泛"输入"为基础的童真表达，离不开家庭和社会的支持。所以儿童的童真表达更需要在幼儿园和家庭、社区的共育环境中得以滋养。

鼓励孩子们去尝试各种不同的活动和经历，无论是参加社区活动、旅行，还是学习新技能，都能让孩子们开阔眼界、增长见识。给予孩子们充分的体验和表达的机会，在家庭和幼儿园中，通过各种方式让他们体验生活的丰富多彩，帮助家长看到儿童的真实经历与成长，能用欣赏的眼光看待儿童，让儿童的表达更自然、自如和丰富。在家园共育中共同珍视儿童的自由表达，鼓励他们大胆地表达自己的想法和感受，了解他们的内心世界，更好地打通童真表达的输出通道。

---

[1] 鸟居昭美. 培养孩子从画画开始:走进孩子的涂鸦世界[M]. 桂林:漓江出版社, 2010.